UNDER
ROMAN
RULE

A
HISTORY
OF
EGYPT

埃及通史

5

罗马统治时期的埃及

[英] 约瑟夫·格拉夫顿·米尔恩————著　刘舒婷————译

图书在版编目（CIP）数据

埃及通史. 罗马统治时期的埃及 /（英）约瑟夫·格拉夫顿·米尔恩著；刘舒婷译. -- 重庆：重庆出版社，2025. 5. -- ISBN 978-7-229-19295-2

Ⅰ. K411

中国国家版本馆CIP数据核字第20251K1M65号

埃及通史：罗马统治时期的埃及
AIJITONGSHI: LUOMATONGZHISHIQI DE AIJI

[英] 约瑟夫·格拉夫顿·米尔恩 著　　刘舒婷 译

出　　品： 华章同人
出版监制： 徐宪江　连　果
责任编辑： 陈　丽　史青苗
特约编辑： 王宏亮
责任校对： 刘　艳
营销编辑： 刘晓艳　冯思佳
责任印制： 梁善池
封面设计： @框圈方圆

重庆出版集团
重庆出版社　出版

（重庆市南岸区南滨路162号1幢）

北京毅峰迅捷印刷有限公司　印刷
重庆出版集团图书发行有限公司　发行
邮购电话：010-85869375
全国新华书店经销

开本：889mm×1194mm　1/32　印张：8.625　字数：184千
2025年5月第1版　2025年5月第1次印刷
定价：68.00元

如有印装质量问题，请致电023-61520678

版权所有，侵权必究

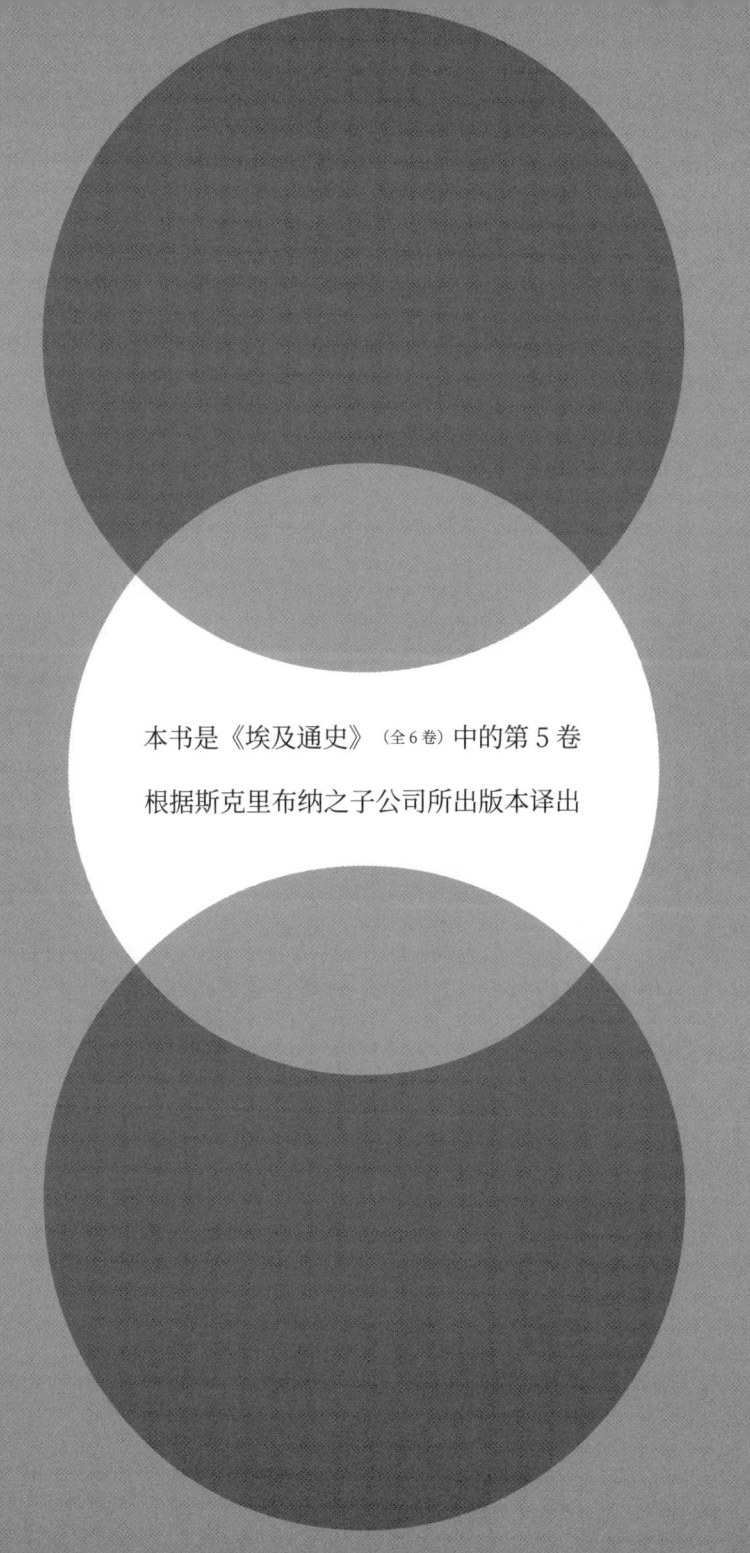

本书是《埃及通史》(全6卷)中的第5卷

根据斯克里布纳之子公司所出版本译出

牛津大学古代史教授、英国皇家历史学会副主席

埃及考古学资深专家

约瑟夫·格拉夫顿·米尔恩的作品

序言

现在出版一部罗马统治时期的埃及历史似乎为时尚早,许多博物馆内还收藏大量尚未公开或出版的莎草纸。但根据已经出版的文献,实际上,我们已经获得大量信息。因此,对学生来说,简要总结这些信息是有益的做法。读者必须认识到,在罗马统治时期,埃及的故事现在不是,将来也不会是连贯的叙述。有的历史学家可能会偶尔提到埃及的状况。但在多数情况下,埃及发生的事单调乏味,引不起罗马历史学家们的注意。埃及只为罗马供应谷物,不供应人。

首先,我想指出,在罗马统治时期,包括埃及语、希腊语和拉丁语的多种语言在埃及混合使用。因此,埃及的专有名称和头衔的拼写很难保持一致。对此,我使用了自己最熟悉的语言形式。

我必须感谢皮特里教授。在我撰写这本书的整个过程中,无论是在埃及,还是在英国,他都给予我许多建议和帮助。弗雷德里克·乔治·凯尼恩先生和伯纳德·派恩·格伦费尔先生很友好地向我提供了莎草纸出版物校样。格伦费尔还向我提出一些宝贵建议。弗朗西斯·卢埃林·格里菲斯向我提供了埃及宗教的各种信息。我还引用了其他学者的观点及他们陈述的历史事实，特别是克里斯蒂安·特奥尔多·蒙森[1]教授和约翰·巴格内尔·伯里教授的观点。我还必须感谢D. S.克莱顿先生为准备这本书的索引付出的心血。感谢我的妻子，她在文字校对方面给了我许多帮助。

写于伦敦

【注释】

1　克里斯蒂安·特奥尔多·蒙森，德国古典学者、法学家、历史学家、记者、政治家、考古学家、作家，1902年诺贝尔文学奖获得者，主要成就是对古罗马历史的研究。——译者注

目 录

第 1 章　001
ORGANISATION OF EGYPT UNDER THE ROMANS
罗马统治时期埃及的政治结构

第 2 章　015
THE FIRST CENTURY OF ROMAN RULE IN EGYPT
(30 B.C.—68 A.D.)
罗马统治埃及的第一个世纪
（公元前 30 年—公元 68 年）

第 3 章　045
A CENTURY OF PROSPERITY
(68—192 A.D.)
繁荣的一个世纪
（公元 68 年—192 年）

第 4 章　075

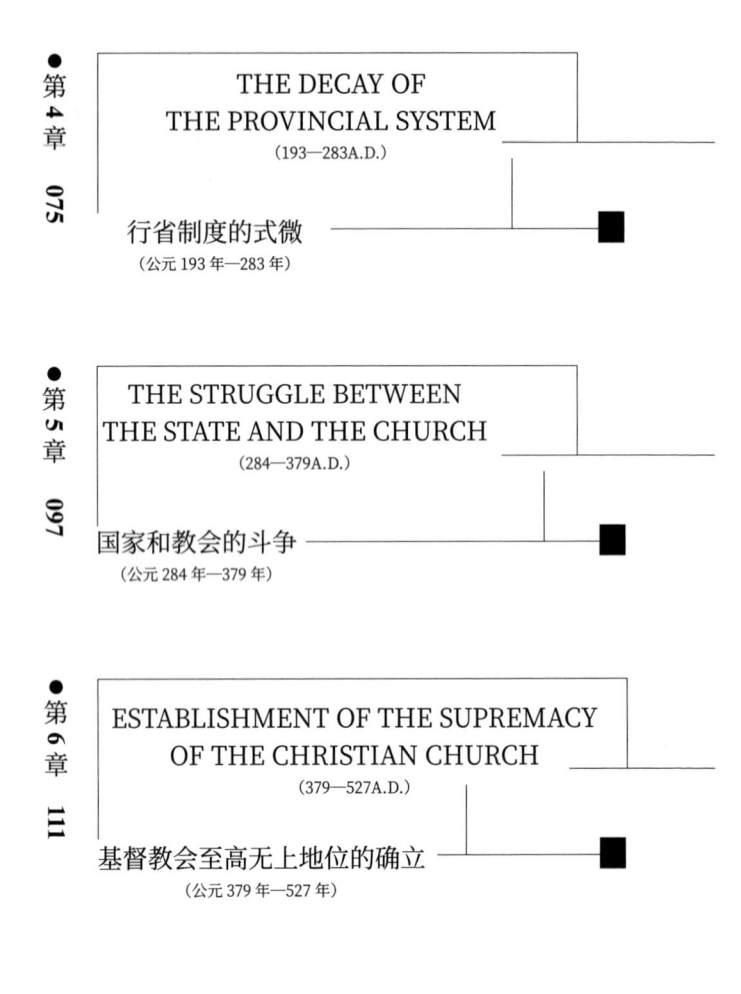

THE DECAY OF THE PROVINCIAL SYSTEM
(193—283A.D.)

行省制度的式微
（公元 193 年—283 年）

第 5 章　097

THE STRUGGLE BETWEEN THE STATE AND THE CHURCH
(284—379A.D.)

国家和教会的斗争
（公元 284 年—379 年）

第 6 章　111

ESTABLISHMENT OF THE SUPREMACY OF THE CHRISTIAN CHURCH
(379—527A.D.)

基督教会至高无上地位的确立
（公元 379 年—527 年）

第 7 章　123

UNION OF TEMPORAL AND RELIGIOUS POWER
(527—668A.D.)

世俗力量与宗教力量的联合
（公元 527 年—668 年）

● 第 8 章　137

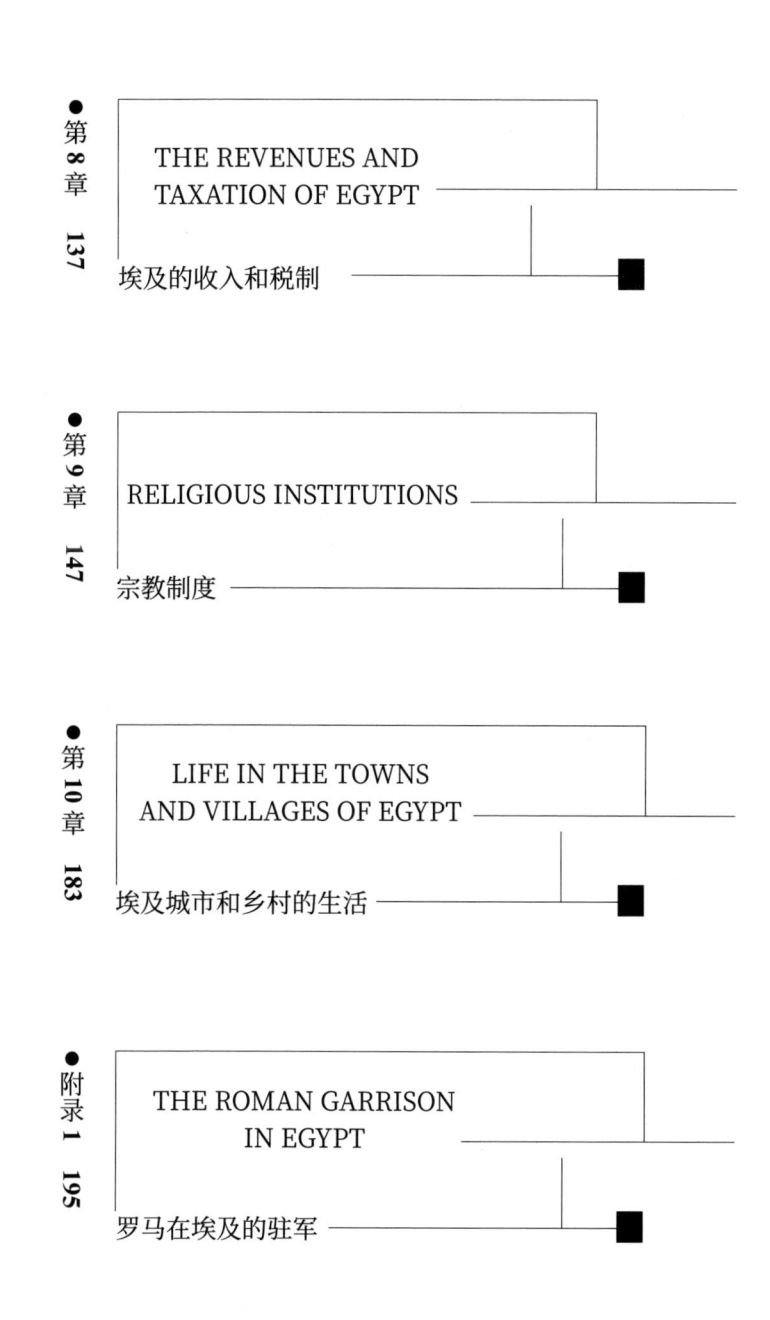

THE REVENUES AND TAXATION OF EGYPT

埃及的收入和税制

● 第 9 章　147

RELIGIOUS INSTITUTIONS

宗教制度

● 第 10 章　183

LIFE IN THE TOWNS AND VILLAGES OF EGYPT

埃及城市和乡村的生活

● 附录 1　195

THE ROMAN GARRISON IN EGYPT

罗马在埃及的驻军

- 附录 2　203　PREFECTS OF EGYPT
埃及总督

- 附录 3　211　INSCRIPTIONS IN THE GHIZEH MUSEUM
吉萨博物馆中的铭文

- 附录 4　217　NOTES
注释

插图目录

图1●奥古斯都的王名 / 016

图2●菲莱K神殿中奥古斯都的壁画形象 / 017

图3●坦提拉神殿中奥古斯都崇拜伊西斯的壁画 / 018

图4●菲莱的哈索尔神殿 / 019

图5●坦提拉神殿的壁画：库努姆创造奥古斯都，哈克特给予奥古斯都生命 / 020

图6●塔米斯神殿的正面 / 021

图7●坦提拉神殿南面 / 022

图8●迪伯特神殿中奥古斯都的壁画形象 / 022

图9●塔米斯神殿中奥古斯都的壁画形象 / 023

图10●塔米斯神殿 / 024

图11●坦提拉神殿 / 025

图12●普塞齐斯神殿和高塔 / 025

图13●希埃拉-锡卡米诺斯神殿 / 025

图14●提比略的王名 / 026

图15●提比略壁画形象，发现于菲莱 / 027

图16●发现于菲莱的大庭院西侧 / 028

图17●坦提拉神殿的门廊，图片来自皮特里 / 029

图 18 ●提比略的壁画形象，发现于菲莱 / 029

图 19 ●刻有提比略崇拜荷鲁斯和伊西斯的石碑，目前这块石碑收藏在吉萨博物馆 / 030

图 20 ●提比略的壁画，发现于菲莱 / 030

图 21 ●卡利古拉的王名 / 031

图 22 ●卡利古拉的壁画形象，发现于坦提拉 / 032

图 23 ●亚历山大的竞技馆的废墟 / 034

图 24 ●克劳狄的王名 / 035

图 25 ●克劳狄的雕刻，发现于菲莱 / 036

图 26 ●伊斯纳：石柱的顶部，图片由皮特里提供 / 037

图 27 ●大埃尔穆波利斯神殿 / 038

图 28 ●尼禄的王名 / 038

图 29 ●尼禄的壁画形象，发现于坦提拉 / 039

图 30 ●菲尼菲洛神殿内部，发现于卡拉尼斯 / 040

图 31 ●尼禄的壁画形象，发现于奈加大 / 041

图 32 ●尼禄下令建造的菲尼菲洛神殿的入口，发现于卡拉尼斯 / 042

图 33 ●尼禄的桨帆船 / 042

图 34 ●加尔巴的王名 / 046

图 35 ●加尔巴的壁画形象，发现于底比斯 / 046

图 36 ●奥托的王名 / 047

图 37 ●奥托的壁画形象，发现于底比斯 / 048

图 38 ●韦斯帕芗的王名 / 049

图 39 ●在卡拉尼斯，韦斯帕芗下令建造的菲尼菲洛神殿的门 / 050

图 40 ● 亚历山大的克利奥帕特拉方尖碑和罗马塔 / 051

图 41 ● 罗马石碑，目前收藏在吉萨博物馆 / 052

图 42 ● 提图斯的王名 / 053

图 43 ● 提图斯的壁画形象，发现于伊斯纳 / 053

图 44 ● 图密善的王名 / 054

图 45 ● 图密善的壁画形象，发现于伊斯纳 / 055

图 46 ● 涅尔瓦的王名 / 056

图 47 ● 图拉真的王名 / 056

图 48 ● 涅尔瓦的壁画形象，发现于伊斯纳 / 057

图 49 ● 图拉真的壁画形象，发现于伊斯纳 / 057

图 50 ● 图拉真的神殿，发现于菲莱 / 058

图 51 ● 图拉真在跳舞，发现于坦提拉 / 059

图 52 ● 图拉真下令建造的入口，发现于坦提拉 / 059

图 53 ● 图拉真的壁画形象，发现于菲莱 / 060

图 54 ● 巴比伦的罗马要塞 / 061

图 55 ● 哈德良的王名 / 061

图 56 ● 哈德良的壁画形象，发现于菲莱 / 062

图 57 ● 哈瓦拉墓的木乃伊肖像 / 063

图 58 ● 安提诺乌斯的雕像，目前收藏在梵蒂冈 / 063

图 59 ● 安蒂诺波利斯神殿 / 063

图 60 ● 安蒂诺波利斯 / 064

图 61 ● 萨宾娜的王名 / 064

图 62 ● 哈德良到达亚历山大场景的雕刻，目前收藏在大英博物馆 / 066

图 63 ●亚历山大城居民欢迎哈德良场景的雕刻，目前收藏在大英博物馆 / 066

图 64 ●安东尼·庇护的王名 / 066

图 65 ●安东尼·庇护的壁画形象 / 067

图 66 ●安东尼·庇护的钱币，发现于菲尼克斯，目前收藏在牛津大学博德利图书馆 / 068

图 67 ●马可·奥勒留的王名 / 068

图 68 ●卢修斯·维鲁斯的王名 / 068

图 69 ●马可·奥勒留的壁画形象，发现于伊斯纳 / 069

图 70 ●安泰奥波利斯神殿 / 070

图 71 ●康茂德的王名 / 071

图 72 ●康茂德的壁画形象，发现于伊斯纳 / 072

图 73 ●发现于阿拜多斯的罗马墓碑，目前收藏在吉萨博物馆 / 077

图 74 ●塞普蒂米乌斯·塞维鲁的王名 / 077

图 75 ●塞普蒂米乌斯·塞维鲁的壁画形象，发现于伊斯纳 / 078

图 76 ●塞普蒂米乌斯·塞维鲁和朱莉娅·多姆娜的壁画形象，发现于伊斯纳 / 079

图 77 ●卡拉卡拉的王名 / 080

图 78 ●盖塔的王名 / 080

图 79 ●卡拉卡拉和盖塔的壁画形象，发现于伊斯纳 / 080

图 80 ●盖塔的壁画形象，发现于伊斯纳 / 081

图 81 ●卡拉卡拉的巨型头部雕像，发现于科普托斯，该图片由皮特里提供 / 082

图 82 ● 卡拉卡拉的壁画形象，发现于伊斯纳 / 082

图 83 ● 脸部被重新雕刻成卡拉卡拉模样的雕像，目前收藏在吉萨博物馆 / 082

图 84 ● 希腊语石碑，发现于瓦迪-卡达西 / 084

图 85 ● 船形罗马灯具，皮特里收藏 / 085

图 86 ● 德西乌斯的王名 / 086

图 87 ● 德西乌斯的壁画形象，发现于伊斯纳 / 087

图 88 ● 奎伊图斯的铭文，发现于科普托斯，皮特里收藏 / 089

图 89 ● 马库斯·尤利乌斯·埃米利安努斯的钱币，目前收藏在大英博物馆 / 090

图 90 ● 小祭坛，皮特里收藏 / 091

图 91 ● 马可·奥勒留的祭坛，发现于科普托斯，图片由皮特里提供 / 091

图 92 ● 罗马的陶俑，皮特里收藏 / 093

图 93 ● 戴克里先在菲莱下令建造的拱门 / 098

图 94 ● 罗马灯具，皮特里收藏 / 099

图 95 ● 多米蒂乌斯·多米提亚的钱币，目前收藏在大英博物馆 / 100

图 96 ● 纪念戴克里先的柱子，位于亚历山大 / 101

图 97 ● 大门形状的罗马灯具，皮特里收藏 / 102

图 98 ● 红色修道院 / 113

图 99 ● 白色修道院北门 / 117

图 100 ● 白色修道院南墙 / 120

图 101 ● 拜占庭雕塑，发现于阿纳斯 / 124

图 102 ● 拜占庭雕塑，发现于阿纳斯 / 125

图 103 ● 科普特墓碑，目前收藏在吉萨博物馆，图片由皮特里提供 / 127

图 104 ● 科普特墓碑，图片由皮特里提供 / 129

图 105 ● 科普特陶器残块上的一些图案，皮特里收藏 / 131

图 106 ● 科普特的彩色陶器，皮特里收藏 / 133

图 107 ● 刻有关税内容的科普托斯石碑，目前收藏在吉萨博物馆 / 143

图 108 ● 索克诺帕奥内索斯的石碑，目前收藏在吉萨博物馆 / 149

图 109 ● 刻有祭司形象的柱子，现在位于罗马 / 150

图 110 ● 贝斯的雕塑，发现于坦提拉 / 152

图 111 ● 哈德良统治时期的钱币，刻有普哈的形象，目前收藏在大英博物馆 / 153

图 112 ● 哈德良统治时期的钱币，刻有宙斯·阿蒙的头像，目前收藏在大英博物馆 / 154

图 113 ● 哈德良统治时期的钱币，刻有宙斯·赫利俄斯·萨拉匹斯的头像，目前收藏在大英博物馆 / 155

图 114 ● 图拉真统治时期的钱币，刻有宙斯神殿的图案，目前收藏在大英博物馆 / 155

图 115 ● 图拉真统治时期的钱币，刻有宙斯的头像，目前收藏在大英博物馆 / 155

图 116 ● 尼禄统治时期的钱币，刻有赫拉的头像，目前收藏在大英博物馆 / 155

图 117 ● 克劳狄二世统治时期的钱币，刻有波塞冬的形象，目前收藏在大英博物馆 / 156

图 118 ● 朱莉娅·多姆娜生活时期的钱币，刻有库柏勒的形象，目前收藏在

大英博物馆 / 156

图 119 ●尼禄统治时期的钱币，刻有阿波罗的头像，目前收藏在大英博物馆 / 156

图 120 ●哈德良统治时期的钱币，刻有赫利俄斯的头像，目前收藏在牛津大学博德利图书馆 / 156

图 121 ●安东尼·庇护统治时期的钱币，刻有阿尔忒弥斯的形象，目前收藏在大英博物馆 / 157

图 122 ●朱莉娅·多姆娜生活时期的钱币，刻有塞勒涅的头像 / 157

图 123 ●加利努斯统治时期的钱币，刻有雅典娜的形象，目前收藏在大英博物馆 / 158

图 124 ●安东尼·庇护统治时期的钱币，刻有雅典娜神殿的图案，目前收藏在大英博物馆 / 158

图 125 ●哈德良统治时期的钱币，刻有阿瑞斯的形象，目前收藏在牛津大学博德利图书馆 / 158

图 126 ●图拉真统治时期的钱币，刻有狄奥尼修斯的形象，目前收藏在大英博物馆 / 159

图 127 ●哈德良统治时期的钱币，刻有潘的形象，目前收藏在大英博物馆 / 159

图 128 ●克劳狄二世统治时期的钱币，刻有赫尔墨斯的形象，目前收藏在大英博物馆 / 159

图 129 ●安东尼·庇护统治时期的钱币，刻有德墨忒尔的头像，目前收藏在大英博物馆 / 160

图 130 ●图拉真统治时期的钱币，刻有"珀尔塞福涅受辱记"故事的场景，

目前收藏在大英博物馆 / 160

图 131 ●哈德良统治时期的钱币，刻有特里普托勒摩斯的形象，目前收藏在大英博物馆 / 160

图 132 ●图拉真统治时期的钱币，刻有狄俄斯库洛依的形象，目前收藏在大英博物馆 / 160

图 133 ●图拉真统治时期的钱币，刻有赫拉克勒斯的形象，目前收藏在牛津大学博德利图书馆 / 161

图 134 ●亚历山大·塞维鲁统治时期的钱币，刻有阿斯克勒庇俄斯的头像，目前收藏在大英博物馆 / 162

图 135 ●亚历山大·塞维鲁统治时期的钱币，刻有许革亚的头像，目前收藏在大英博物馆 / 162

图 136 ●哈德良统治时期的钱币，刻有萨拉匹斯的头像，目前收藏在牛津大学博德利图书馆 / 162

图 137 ●萨拉匹斯的头部雕刻，皮特里收藏 / 163

图 138 ●马可·奥勒留时期的钱币，刻有萨拉匹斯神殿的图案，目前收藏在大英博物馆 / 164

图 139 ●萨拉皮昂和哈德昂的图案，目前收藏在大英博物馆 / 164

图 140 ●哈德良统治时期的钱币，刻有萨拉匹斯的头像，目前收藏在大英博物馆 / 164

图 141 ●伊西斯和萨拉匹斯的雕塑，目前收藏在梵蒂冈博物馆 / 165

图 142 ●图拉真统治时期的钱币，刻有伊西斯神殿的图案，目前收藏在大英博物馆 / 166

图 143 ●安东尼·庇护统治时期的钱币，刻有伊西斯·法利亚的形象，目前

收藏在大英博物馆 / 166

图 144 ● 小福斯蒂娜二世统治时期的钱币，刻有伊西斯·索斯的形象，目前收藏在大英博物馆 / 166

图 145 ● 涅尔瓦统治时期的钱币，刻有伊西斯的头像，目前收藏在牛津大学博德利图书馆 / 167

图 146 ● 马可·奥勒留统治时期的钱币，刻有伊西斯哺乳荷鲁斯的场景，目前收藏在牛津大学博德利图书馆 / 167

图 147 ● 铜叉铃，发现于那不勒斯，图片由皮特里提供 / 167

图 148 ● 穿着军装的少年荷鲁斯，皮特里收藏的陶俑 / 168

图 149 ● 图拉真统治时期的钱币，刻有哈尔波克特拉斯的形象，目前收藏在大英博物馆 / 168

图 150 ● 刻画有奥西里斯形象和星星的残块，发现于科普托斯，图片由皮特里提供 / 169

图 151 ● 哈德良统治时期的钱币，刻有赫曼努比斯的头像，目前收藏在大英博物馆 / 170

图 152 ● 安东尼·庇护统治时期的钱币，刻有赫曼努比斯神殿的图案，目前收藏在大英博物馆 / 170

图 153 ● 哈德良统治时期的钱币，刻有尼罗斯神殿的图案，目前收藏在大英博物馆 / 171

图 154 ● 尼禄统治时期的钱币，刻有尼罗斯的头像，目前收藏在牛津大学博德利图书馆 / 171

图 155 ● 图拉真统治时期的钱币，刻有尼罗斯的形象，目前收藏在大英博物馆 / 171

图 156 ●刻有欧赦涅亚的头像，目前收藏在大英博物馆 / 171

图 157 ●安东尼·庇护统治时期的钱币，刻有提喀神殿的图案，目前收藏在大英博物馆 / 173

图 158 ●哈德良统治时期的钱币，刻有提喀的形象，目前收藏在大英博物馆 / 173

图 159 ●安东尼·庇护统治时期的钱币，刻有亚历山大城的提喀的形象，目前收藏在大英博物馆 / 173

图 160 ●哈德良时期的钱币，刻有亚历山大大帝的头像，目前收藏在大英博物馆 / 173

图 161 ●安东尼·庇护统治时期的钱币，刻有罗马的形象，目前收藏在大英博物馆 / 174

图 162 ●安东尼·庇护统治时期的钱币，刻有罗马的形象，目前收藏在牛津大学博德利图书馆 / 174

图 163 ●白色修道院：旧时教堂的中殿变成现在的庭院 / 179

图 164 ●白色修道院：正殿的墙壁和柱子 / 180

第1章

罗马统治时期埃及的政治结构

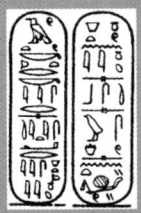

ORGANISATION OF EGYPT

UNDER THE ROMANS

罗马征服了埃及，但埃及的政治结构几乎没有变化。罗马政治家的一贯政策是，在将政府体系完整的地区纳入罗马帝国的版图时，尽可能少干涉当地现有的政府体系。罗马不干涉埃及政府体系还有一个特殊原因，即从某种意义上说，埃及是奥古斯都的个人战利品。以前被纳入罗马帝国的行省是罗马将军率领各自部队打败当地武装后为罗马赢得的，但埃及是奥古斯都在战胜罗马的敌人马克·安东尼后获得的，显然奥古斯都的行为违背了上述原则。另外，作为安东尼的妻子克利奥帕特拉六世的个人财产，埃及应该被视为奥古斯都的私人战利品。

因此，罗马皇帝完全接管了由埃及本地和希腊裔法老逐渐发展的精细的政府体系。在埃及的政府体系中，低级官员很有可能继续留任并直到其任期结束。即使大将军[1]那样的高官也由希腊人担任。例如，在奥古斯都征服埃及十三年（公元前19年）后，赫拉克勒庇得斯的儿子托勒密欧斯担任大将军。在罗马化时代后期，大将军一职才由罗马人担任。因此，我们可以认为，埃及官员任职不受王朝更迭影响。事实上，罗马征服埃及只带来统治者的更迭，引起的骚乱远小于埃及本地法老统治时期继承法老之位造成的多次骚乱。

正如上文所说，奥古斯都保留埃及政府的组织形式的一个原因是埃及是他的个人领地，另一个原因是出于谨慎考虑。埃及很富裕。叛乱者可以随时获得充足的物资。与此同时，谁占据了埃及，不需要采取更多敌对措施，只需停止亚历山大的谷物出口，就可以给罗马带来极大不便，使得罗马人挨饿，并倒向他那一边，正如韦斯帕芗计划要做的那样。此外，入侵埃及困难重重，特别是从罗马角度来说。地中海沿岸只有一座海港供大型船只停靠。这座海港是亚历山大港。对大部队来说，从埃及东部或西部穿越沙漠的陆路通道都十分危险。埃及人可以轻易制造骚乱：最琐碎的问题都会引起亚历山大内不同族裔和不同信仰群体的争斗，上埃及居民会不时拿起武器解决内部争端。如果不迅速采取有力的措施，那么这些争端可能引发严重的问题。鉴于上述原因，在埃及必须实行独裁统治，这样做可以避免元老院不能及时处理问题导致的风险。

因此，埃及被视为罗马皇帝的私人领地，并且由罗马皇帝直接或间接任命所有在埃及的官员。为防止元老院干涉埃及事务，没有罗马皇帝的特别许可，元老院任何成员都不允许在埃及任职，甚至不允许踏足埃及。埃及最高级别的总督一职通常由骑士级别的罗马人担任。曾有一个自由民和一个获得罗马公民身份的亚历山大人担任总督一职。总督名义上是罗马皇帝的代理人，实际上是埃及总督，几乎承担了希腊裔法老在埃及政府体系中的全部角色。除了不能向罗马皇帝提起上诉，总督的权力没有任何限制。总督是地方行政、财政、司法和军事部门的首脑。罗马皇帝决定征收的税额，总督负责征税，并且将税金送到罗马。为防止征税时勒索人民，总督负责管理税官和其他下属官员，但这样做往往会减少税收。总督还要决定是否通过社区或个人提出的免税要求。从理论上来说，总督的司法权限覆盖所有民事和刑事案件。总督的这项权力可部分下放给下级官员。不过，仍有大量法律问题需要提交总督解决，因为要求赔偿伤害的请愿书可以直接提交给总督。总督还要处理下级法院的上诉申请。每年，总督可能会巡回审查各地案件。他着重调查各地执法人员的办事效率，并且接受提名或投诉下级官员。总督发出官方调查令，下级官员上交如人口普查名单和财产清单等文件，并且报告类似记录的保存状况。总督控制埃及的所有武装力量。军队中的投诉和争执都提交总督处理。罗马皇帝任命总督，但总督没有任何明确的任职期限。根据记录，任职时间最长的埃及行省总督是维特拉西斯·波利奥。维特拉西斯·波利奥在埃及居住超过十六年，并且组织了一个由罗马人组成的会议，会议成员在总督府办公。

在司法事务中，总督的直接下属是立法者[2]。在全埃及巡回审查中，立法者与总督一起审查案件。在总督缺席案件审理的情况下，立法者代理总督审查案件。立法者的主要工作是审理和裁决下级治安法官已经调查过的案件。下级治安法官将案件移交立法者裁决。总督可能不熟悉法律程序。因此，在处理司法事务时，总督需要一名评估员。立法者可能是一位评估员，并且与罗马帝国其他行省法官的职责大致相同。与总督一样，立法者由皇帝任命，他通常是罗马骑士。

另一位专管司法事务的官员是大法官。根据斯特拉波的记载，大法官既是埃及各地司法事务的管理者，也是亚历山大本地的法官。通常，大法官的法庭设在亚历山大，但大法官有权审理埃及各地的民事案件。记录显示大法官曾在孟菲斯审理案件。大法官似乎还需要管理亚历山大的档案，并且审理档案文件中的民事案件。另外，大法官一职通常由罗马公民担任。

三名大将军（epistrategoi）直接隶属于总督，分别管辖提拜德、埃及中部和阿尔西诺伊诺姆、尼罗河三角洲。在上埃及，托勒密王朝时期设有大将军一职，但没有证据表明在罗马帝国统治埃及的第二个世纪前，中埃及或下埃及曾设大将军一职。除了上文提到的一个例外现象，大将军一职一般由罗马人担任。大将军是罗马帝国任命的最低级别官员。因此，他们通常代表总督行使许多名义上由总督行使的权力。大将军没有军事权力，除非雇士兵执行执法部门的任务。但在各自的管辖地区，大将军作为法官经常审理案件。另外，大将军还开展巡回审判。大将军还代表政府，从地方书吏提交的名单中选拔人员担任无薪职务，如将军或竞技官。然而，大将军的主要工作是上传下达，向各诺姆传达总督的命令，并且为罗马帝国收税、收集人口方面的信息。

隶属于大将军的是将军（strategos），他们负责传达大将军的命令，并且负责收税，将税交给大将军。将军管辖的行政单位是诺姆。不过，偶尔也会出现一位将军管辖两个诺姆，或一个诺姆由两个将军管辖的情况。在司法事务中，将军通常是投诉受理人，并且依据民法展开诉讼程序。将军可能每月在自己管辖的诺姆巡回处理民事案件。但除非总督、立法者或大法官特别授予将军权力，那么将军无权作出判决。收到投诉后，将军会在总督巡回时，将投诉案件交由总督审理。在这种情况下，将军很可能已经展开初步调查，并且确定投诉者提交证据的真实性。将军也要宣誓证明提交证据的真实性，将军的誓言和诉状一起归档。无论是土地、人口，还是动物的调查报告，所有调查报告的副本及调查官和书记员的报告副本，都要提交将军。财政方面，将军负责征收所管辖诺姆的税金。因此，将军必须监督辖区的税务评估，并且采取措施收取到期的税款。将军还要参与收税，安排维护堤坝和运河的徭役。将军由大将军提名，由总督从提名人中确定提名人选。将军任期三年，是管辖诺姆的居民管理人和财产持有人。将军从罗马人、希腊人和埃及人中无差别挑选；为保证适当履行职责，将军被要求在就职时放弃承担其他工作。此外，将军还要宣誓依法行事。任期结束后，将军要在总督面前向审核员述职。

通常，将军与皇家书吏联系密切。在各方面的工作中，书吏可充当将军的副手，特别是在征税和收集案件证据方面。有时，书吏可以代理将军执行公务。根据现存记录，皇家书吏的任期与将军的任期大概相同，但有一个例外，书吏赫拉克勒庇得斯的任期超过五年。书吏和将军的任命方式相同。罗马人担任书吏的情况比担任将军的情况少。

此时，将军负责诺姆长官最初负责的工作，但作为将军的下属，诺姆长官仍然负责财政事务。诺姆长官似乎还负责运送货物。另外，诺姆长官监督征税，并且向当地财政机构缴纳税金。诺姆长官必须执行征税任务，如果没能增加政府税收，诺姆长官的财产可被没收。就其税务监督员的职责而言，显然，诺姆长官负责监督诺姆内各行各业的缴税情况。

档案员负责保存各诺姆的记录及所有正式文件的副本。所有关于土地所有权变更的通知及各诺姆土地所有者对其财产的定期报告，都由档案员接收。档案员分属两个部门，一个部门负责土地登记工作，另一个部门负责财务记录工作。阿尔西诺伊诺姆负责土地登记的档案员就有两名。

村庄的管理机构由一些官员组成，很难确定这些官员的上下级关系。长老可能负责管理一般性事务，并且没有特别重要的地位。一处文献指出，一座村庄的长老约有十人，他们的收入为四百德拉克马或五百德拉克马[3]。另一处文献指出一座村庄的长老有四人，他们的收入为八百德拉克马。长老代表村纳税，并且负责维护村内的和谐。另外，长老需要协助提交并审判罪犯，以及在需要时收集证据。

一处文献提到，长老组成村务委员会。村务委员会主席雇用两名舞女到村里。无疑，雇用她们是为在节日庆典中跳舞。

村书记员负责抄写所有需要提交给埃及行省政府的信息。村书记员负责起草村民名单，列出村民的土地归属情况、每块土地耕种的程度和方式，并且详细评估每位村民缴税时需要的各项信息。村书记员还必须提名承担村内税收工作的人员。

记录员协助村书记员记录村民状况。记录员还要负责调查村庄人口分布状况。

阿戈拉诺莫伊[4]是村内的官员，主要负责契约、遗嘱和其他法律文件的执行和登记。在阿戈拉诺莫伊的监督下，签订契约的双方起草契约。契约也可由官员起草，签订契约的双方在契约上签字，阿戈拉诺莫伊登记契约，并且将契约的副本存放在当地档案馆。如果契约不是在阿戈拉诺莫伊的监督下起草的，那么必须在契约上注明起草时的起草人和监督人。在阿尔西诺伊诺姆，通常，契约在格拉弗恩的见证下签订。契约签订双方如果在私下签订契约，那么必须在格拉弗恩处登记。我们不知道格拉弗恩是否隶属于阿戈拉诺莫伊。

各诺姆设有两名艾恩埃凯。他们监督执法部门工作。每个村庄都有一两名隶属于艾恩埃凯的阿克弗迪。在法庭上，阿克弗迪负责拘留罪犯，并且与长老联系密切。尤斯克蒙和埃里诺菲拉克斯似乎是同等级官员。他们的职责和阿克弗迪的职责相似。实际逮捕工作由莱斯托斯泰或菲拉克完成。菲拉克是有报酬的官员，并且根据具体工作被分成不同种类。在维持秩序方面，莱斯托斯泰和菲拉克需寻求军方援助。罗马军队的百夫长和将军一样，有权接收投诉案，并且可以下令立即逮捕罪犯。

城镇和村庄也有一些其他官员。目前，我们无法确定这些官员的确切职能。这些官员包括伊塞吉塔、科斯梅塔和竞技官。他们可能都是管理税收工作的官员，并且由社区中比较富裕的居民担任。这些官员与长老共同管理城镇或村庄的事务。上级官员可能会要求这些官员帮助地方政府完成一些收税、逮捕罪犯或提供与当地事务有关的证据的工作。可能在获得选举议事机构成员的特权后，伊塞吉塔成为城镇政府的官员。但在亚历山大，伊塞吉塔与元老院没有一点关系。

埃及行省的税收工作不仅由总督监督，还特别受罗马皇帝任命的伊迪欧洛监管。实际上，鉴于埃及是罗马皇帝的私人财产，伊迪欧洛是埃及的管家。伊迪欧洛名义上隶属于总督，但如果他由罗马皇帝单独任命，那么他很可能会成为罗马皇帝改变埃及税收政策的把关人。官员层层传达征税指示，从总督下达到将军。但实际上，征税由一个特殊的官员团体负责。这个官员团体是普拉托。每个普拉托负责征收不同种类的税。这些税包括人头税、谷物税、沐浴税、冠冕税(stephanikon)等。为了完成征税工作，将军从村书记员提名的有一定收入的村民中选出一些组成征税小组。一处文献提到进入征税小组的村民的收入标准为一千德拉克马。从一份契约中，人们可以看到，征税工作耗时长、花费大，工作量繁重。在这份契约中，普拉托任命了一名副手。为了让这名副手完成税收工作，普拉托每年要向他支付二百五十二德拉克马。埃皮特勒泰协助普拉托征税。征收小麦税和大麦税时，帕拉勒普泰会协助完成征税工作。通常，以货币形式支付的税支付给村内的公共储库或其他储库，实物税交到村内粮仓。粮仓由斯托洛格掌管。每月，斯托洛格必须上报粮仓内的存粮。

除了各诺姆的将军，迪卡普里奥托伊还需要检查粮食征集工作两次。迪卡普里奥托伊被任命为各诺姆的托帕奇，负责监督粮仓内粮食的储存情况。

渡过尼罗河和穿越沙漠中的道路都需要交税。这部分税由农民代收。其他间接税，如销售费和契约登记费，也由农民代收。农民不愿意承担收税工作。对此，总督不得不颁布法令强制农民履行收税职责。由此可见，农民收税获得的酬劳不高，可能比征税人员的酬劳高不了多少，特别是在尼禄公布关税改革和关税征收制度后。在某些地方，一些税，如人头税，似乎由关税工作人员和普拉托收取。可以推测，在农民居住地，普拉托和农民达成协议，令农民负责收税。

与伊迪欧洛一样，迪欧克特也由罗马人担任。伊迪欧洛有权命令迪欧克特和一群埃皮特洛伯或检察官管理托勒密王室的领地，包括托勒密王室的大量财产，国家债务人的财产，以及没有继承人或所有者出面处理的财产。

大城镇管理与乡村管理不同。奥古斯都撤销了亚历山大的议事机构，但亚历山大仍然有一个独立的官员团体。这个官员团体的官员由总督亲自任命。听命于所属诺姆的将军伊塞吉塔掌管城市政府，并且享有穿紫色衣服的特权[5]。与皇家书吏对应，城市书记员被称为希波尼玛托拉佛斯。地方法院由大法官主持。然而，如同上面叙述的那样，大法官还有其他一些职能。城市中有一个执法团体。执法团体的指挥官被授予"将军"头衔。除了阿戈拉诺莫伊和竞技官，亚历山大还特别设有至少一名帝国检察官，如在那不勒斯和亚历山大的陵墓同样设有帝国检察官。拥有亚历山大居民身份的人具有或多或少的实质性特权。他们被免除人头税，不必参与征税。亚历山大公民要参与粮食分配工作，并且有权在受罚时被棍棒打而不是被鞭子打。在卡拉卡拉将罗马人的特权覆盖到罗马帝国的所有行省前，只有持有亚历山大公民身份的埃及人才能获得罗马公民的身份。此前，塞普蒂米乌斯·塞维鲁恢复了亚历山大的议事制度，但没有证据表明亚历山大的议事制度在多大程度上取代了亚历山大以前的政府管理制度。

在托勒密-赫米奥，托勒密王朝建立的希腊式城市管理模式，即设立执政官和议事机构的管理模式，在奥古斯都统治时期继续存在。瑙克拉提斯也可能保留了独立的地方行政官。哈德良将安蒂诺波利斯作为一个希腊城邦组织和建立起来。安蒂诺波利斯被划分为多个部门，设有议事机构和长官。3世纪末期，各诺姆的主要城镇被授予自治特权。阿尔西诺伊、赫拉克莱俄波利斯、埃尔穆波利斯和俄克喜林库斯都是著名的自治诺姆。但毫无疑问，这些诺姆内的大城市都设有议事机构。哈德良统治时期，底比斯设有执政官。然而，执政官一职可能是一个宗教职位，因为它是世袭的，并且在政治方面，2世纪时期的底比斯不太重要。

根据目前掌握的少量证据，人们可以确定，3世纪末期戴克里先统治时期，埃及的政府管理形式进行了重置。这更多体现在官员头衔的变化，但其实际职责变化很小。埃及行省总督[6]被授予"奥古斯塔利斯"这一头衔。此时，中埃及和下埃及及利比亚都处在埃及行省总督的特别监管下。狄奥多西二世统治时期，提拜德、赫普塔诺米斯和尼罗河三角洲的大将军一职被撤销。阿卡迪亚、奥古斯坦尼卡-塞孔达、提拜德和埃基提、利比亚的两个地区，以及奥古斯坦尼卡-普里马都设有普勒斯德。军队由都司控制。都司的权力覆盖整个埃及。直到大约公元380年，埃及被划分成三个军事分区，包括下埃及和中埃及的埃基提地区的军务由科姆管理，提拜德和利比亚的两个地区的军务由都斯管理。

埃及行省总督不仅因戴克里先重组埃及政府时任命的科姆而被剥夺军权，其财政权也转移至新设置的官员卡特里斯手中。显然，卡特里斯取代了伊迪欧洛，但与伊迪欧洛不同，卡特里斯不隶属于总督。迪欧克特对罗马帝国的领地有特别控制权。迪欧克特一职长期存在。不过，其头衔改为"皇家财产的埃皮特洛伯"。

至于下级官员，拜占庭帝国统治时期，将军一职几乎消失。在阿尔西诺伊诺姆，将军似乎已经被帕加克取代。然而，与将军被任命为一个诺姆的负责人不同，帕加克仅负责诺姆的一个帕古斯，帕古斯的意思是"一部分"。在埃尔穆波利斯诺姆，帕吉和帕加克拥有同样的职责。在俄克喜林库斯诺姆，人们发现了另一个官职洛基斯特。洛基斯特负责管辖整个诺姆，这使其职责与将军的职责接近。以前，洛基斯特是将军的副手。

城镇的政府被议事机构控制。在村庄内，长老仍然拥有权威。这里还有一些小官，如埃弗尔和克德拉里乌斯。担任这些职务的官员与克玛赫共事，隶属于帕吉。其他小官还有伊塞托。伊塞托承担以前普拉托负责的税收工作。通过提名后，这些官员得到任命，任期为一年。除非当地习俗允许或找不到其他合适人选，担任上述职务的官员才延续其第二年的工作。

在司法事务中，军队仍然发挥着很大作用，特别是在遏制刑事犯罪方面。君士坦提乌斯二世统治时期，狄奥尼修斯军营的长官弗莱维厄斯·阿比纳乌斯的信表明，他经常收到投诉，要求补偿由人身伤害造成的损失。他向上级官员都司寻求帮助。军队长官的司法职能是不固定的。这一点可以从以下事实推断：有一次，军队长官和文职官员就管辖权发生严重争执。在司法事务方面，军队长官没有任何法定权力，但他的权力无疑得到承认。军队长官比地方官员拥有更大的权力。军队长官的决定可由他指挥下的士兵迅速执行。因此，埃及的刑事案件通常提交军队长官处理。

公元6世纪出现了一些新的下级官职，包括国库的埃皮美勒特斯、埃提尼科斯、埃姆伯拉托（阿卡里卡里奥斯）。这些都是收税官。另外，人们发现当时的财政官员被称作"普罗诺特"。有趣的是，在俄克喜林库斯诺姆，除了税收人员，整座村庄的所有政府职位都由富有的土地所有者担任。在俄克喜林库斯诺姆，弗莱维厄斯·阿比纳乌斯家族有着崇高的地位。村民甚至将弗莱维厄斯·阿比纳乌斯家族的人称为"村庄的帕加克"。法律并不允许富人"垄断"官职，但在埃及人的需求面前，政府法令毫无用处。

【注释】

1　"epistrategos"是希腊语,意为"大将军"。——译者注
2　"dikaiodotes"是希腊语,意为"立法者"。——译者注
3　德拉克马是古希腊和现代希腊的货币单位。——译者注
4　阿戈拉诺莫伊,一种官职。——译者注
5　罗马人以紫衣形容贵族的门第之高,紫色是罗马皇室的标志,紫袍贵族指的就是罗马皇帝的后裔。——译者注
6　埃及行省总督还管理上利比亚和下利比亚,即昔兰尼和帕拉伊托尼亚。——原注

第 2 章

罗马统治埃及的第一个世纪

(公元前 30 年—公元 68 年)

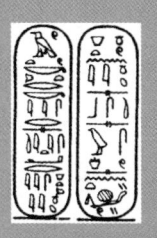

THE FIRST CENTURY OF
ROMAN RULE IN EGYPT

(30 B.C.–68 A.D.)

●奥古斯都统治时期（公元前30年到公元14年）

这一时期的建造活动有：

在亚历山大修建尼科波利斯城。在索克诺帕奥内索斯修建索克诺帕奥神殿的外墙。在坦提拉修建大神殿的多柱式建筑、外围后墙、东墙和西墙，修建伊西斯神殿和提波尼姆神殿。在科普托斯修建小神殿。在菲莱修建K神殿的东墙，修建J神殿的东墙和北墙。在迪伯特修建神殿西墙。在塔米斯修建神殿。在丹铎修建神殿前墙。在普塞齐斯完成神殿门廊的建造。

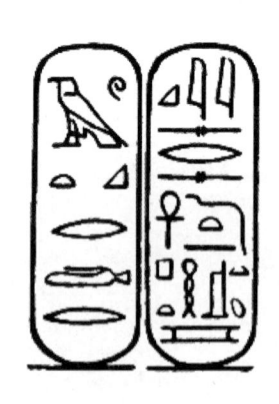

图1 ●奥古斯都的王名

几乎所有刻有奥古斯都名字的建筑都是在奥古斯都统治之前开始建造的，并且在奥古斯都统治时期继续施工。不过，科普托斯的小神殿是个例外。这座建筑可能是在奥古斯都统治期内开工并完工的。位于坦提拉的伊西斯神殿刻有奥古斯都向神献祭的壁画。目前，收藏在吉萨博物馆的索克诺帕奥内索斯碑文残块源自一座可能已经被摧毁的建筑。卡西乌斯·狄奥在其著作《罗马史》第十八卷中提到了尼科波利斯的这座建筑。

此外，人们还发现了奥古斯都统治时期的铭文、莎草纸和陶片等遗迹。

马克·安东尼和克利奥帕特拉六世一死，下埃及的人们就立即拥护奥古斯都继承法老之位。公元前30年，奥古斯都回到罗马，将埃及的所有事务都留给总督处理。然而，他离开埃及前，采取了三项措施。这让亚历山大的希腊人明白，他们不能再从希腊裔统治者手中寻求特权，他们不再是统治阶级。除了取消亚历山大的议事机构，清除亚历山大政府机构中最有希腊政治特色的部分，奥古斯都还授予亚历山大的犹太人享有在托勒密王朝时期享有的一切权利。这一措施使犹太人处于与希腊人平等，甚至比希腊人优越的地位。犹太人可以选择领导者或设立长老会议处理其内部事务，但希腊人失去了选举议事机构

图2●菲莱K神殿中奥古斯都的壁画形象

成员的权利。不过，与此同时，犹太人有义务缴纳人头税，但希腊人可以免缴人头税。奥古斯都的第三项措施旨在减少亚历山大城内希腊人的数量。在位于亚历山大以东四英里[1]的地方，奥古斯都下令建立一座新城市，即尼科波利斯。奥古斯都将尼科波利斯定为埃及政府所在地及官方宗教仪式举办地。然而，尼科波利斯的新定居者数量并没有大幅增加，只有罗马驻军一个营的人数。

下埃及向罗马帝国投降，但埃及南部各地区没有向罗马帝国臣服。多年来，埃及南部各地区只在名义上服从埃及法老。因此，埃及行省新任总督科尼利厄斯·加卢斯的第一项任务是镇压上埃及的叛乱。埃尔穆波利斯是第一座反抗罗马帝

图3●坦提拉神殿中奥古斯都崇拜伊西斯的壁画

图 4 ● 菲莱的哈索尔神殿

国统治的城市，尽管后来它被罗马军队重新占领了。在提拜德，罗马税官的到来引起了大范围叛乱，但埃及人根本不是罗马军队的对手。十五天内，在两次激战中，提拜德的叛乱分子被击溃，博勒西斯、科普托斯、克拉米克、迪奥斯波利斯和奥菲姆等城镇遭受重创，埃及的安全得到保障。科尼利厄斯·加卢斯到达昔兰尼，并且在菲莱会见埃塞俄比亚国王派来的使者。第一瀑布区完全脱离埃及已经有一个多世纪。科尼利厄斯·加卢斯也不愿冒险入侵完全陌生的埃塞俄比亚。于是，他与埃塞俄比亚使者达成协议。根据协议，埃及边境的特里塔斯克诺将受罗马帝国保护，但仍然由埃塞俄比亚统治。

在被轻松征服的特里塔斯克诺，科尼利厄斯·加卢斯对自己赞不绝口。这引起他的主人奥古斯都的不满。加卢斯竖起自己的雕像，并且在公共建筑上刻上铭文。由于担心埃及人将

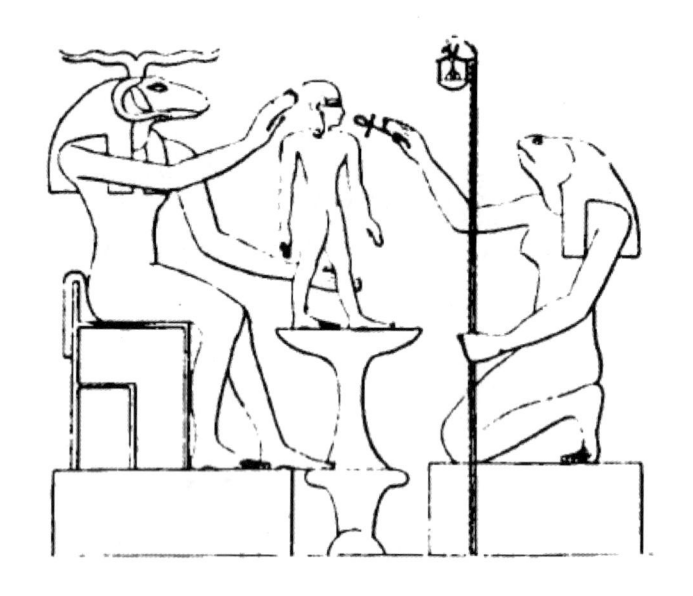

图5●坦提拉神殿的壁画：库努姆创造奥古斯都，哈克特给予奥古斯都生命

加卢斯凌驾于自己之上，奥古斯都将加卢斯从埃及召回。随后，公元前28年，加卢斯自杀。

加卢斯的继任者盖乌斯·彼得罗尼乌斯下令镇压亚历山大居民的叛乱。当时，亚历山大居民不时发动叛乱。不过，这些叛乱很容易就被镇压了。随后，原本派去镇压亚历山大居民叛乱的士兵被派去清理灌渠。实际上，这项工作更有益处。托勒密王朝后期，灌渠淤塞严重，导致可耕种土地的面积大规模缩减。清理灌渠工作取得了很好的效果。尼罗河泛滥时，经疏通的灌渠为土地带来了比前些年更好的收成。

埃及行省第三任总督埃易斯·加卢斯奉命征服埃塞俄比

亚、特罗戈迪察和阿拉伯。这些地区位于埃及与非洲中部、印度的贸易通道上。罗马人认为征服这些地区等于将这条贸易通道据为己有，并且能获取富裕邻国生产的珍贵物品。于是，公元前25年，埃易斯·加卢斯在阿尔西诺伊组建了一支舰队。接着，他率领一万名罗马士兵、一千名纳巴泰士兵和五百名犹太士兵出海入侵阿拉伯。一千名纳巴泰士兵和五百名犹太士兵分别由纳巴泰国王奥博达三世和大希律王[2]提供。埃易斯·加卢斯的部队在阿拉伯海岸的洛克科姆登陆，并且在这里过冬。到了春季，他的部队进入赛伯伊人的领地。到达赛伯伊统治中心马里亚巴时，罗马军队虽然还没有与阿拉伯军队正式交锋，但饱受疾病和缺水之苦。于是，埃易斯·加卢斯决定撤退，并且

图6 ●塔米斯神殿的正面

图 7 ●坦提拉神殿南面

没有进攻马里亚巴。他将部队撤到尼拉哥米,并且从尼拉哥米经米奥斯荷摩斯和科普托斯返回埃及。

　　远征阿拉伯以失败告终。由于埃易斯·加卢斯的无知或无能,埃及军队在不必要的长途行军中浪费了时间和精力。他如果能收集一些关于阿拉伯的信息——从商人口中能轻易获得这些信息,那么他会知道应该走从贝勒尼凯到卡塔赫卡乌梅内岛

图 8 ●迪伯特神殿中奥古斯都的壁画形象

图 9 ● 塔米斯神殿中奥古斯都的壁画形象

的线路。可能是由于这次失败，公元前24年，盖乌斯·彼得罗尼乌斯再次出任埃及行省总督。埃易斯·加卢斯离开阿拉伯期间，埃塞俄比亚人借机中断以前科尼利厄斯·加卢斯与他们建立的友好关系。公元前24年，埃塞俄比亚的三万名士兵攻占了昔兰尼、象岛和菲莱，并且击败了驻扎在这些地区的三支罗马部队。不过，彼得罗尼乌斯调来一万名步兵和八百名骑兵，将埃塞俄比亚军队赶回普塞齐斯。持续三天的和平谈判毫无结果，最终，罗马军队击败埃塞俄比亚军队，并且先后袭击了普塞齐斯、普雷米什和埃塞俄比亚首都纳巴塔。留下驻军后，彼得罗尼乌斯回到亚历山大。但公元前23年，由于收到驻军在

图 10 ● 塔米斯神殿

埃塞俄比亚遭到围困的消息，彼得罗尼乌斯被召回罗马。然而，驻军被围困这件事很快就解决了。埃塞俄比亚王后坎代克派使者前往罗马，请求和解。这一和解请求得到了奥古斯都的许可。于是，受罗马保护的特里塔斯克诺——位于边境城镇昔兰尼和多德卡肖伊诺的希埃拉-锡卡米诺斯之间——肯定已经被罗马军队作为军事边界予以占领。这一地带没有民事管辖，也不像埃及其他地方那样作为一个诺姆组织起来。从这时起，埃及和埃塞俄比亚总体上处于和平状态。记录表明，公元前13年，坎代克的军队进入罗马领土，随后返回普塞齐斯。此外，在彼得罗尼乌斯远征埃塞俄比亚后的许多年内，埃塞俄比亚人没有试图进攻埃及。

图 11 ● 坦提拉神殿

图 12 ● 普塞齐斯神殿和高塔

图 13 ● 希埃拉-锡卡米诺斯神殿

●提比略统治时期（公元14年到37年）

这一时期的建造活动包括在菲莱修建J神殿的西墙，修建K神殿的东墙和大殿的墙，修建M门，修建F柱廊，修建D柱廊。在奈加大修建神殿。在阿波利诺波利斯-帕尔瓦修建伊西斯-佩里博洛斯神殿。在科普托斯修建托勒密十三世神殿。在坦提拉修建门廊。在阿提里比斯修建提利菲斯神殿的门廊。

在菲莱，提比略下令开展的工程都是继续建造以前开工的建筑。科普托斯神殿和奈加神殿也是提比略统治前开工的。在阿波利诺波利斯-帕尔瓦、坦提拉和阿提里比斯，提比略增建旧神殿，并且它们可能是在他统治时期完工的。

此外，人们还发现了提比略统治时期的铭文、莎草纸和陶片等遗迹。在阿波利诺波利斯-帕尔瓦，人们发现了一块刻有提比略崇拜荷鲁斯和伊西斯场景的石碑。在科普托斯，人们也

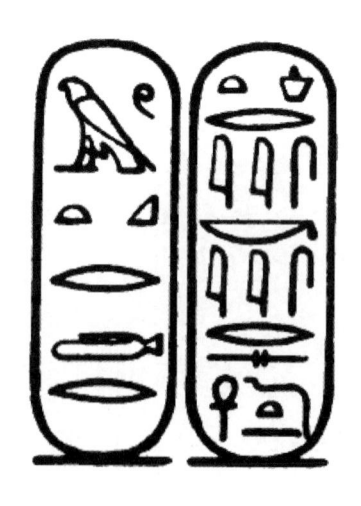

图 14 ●提比略的王名

图 15 ●提比略壁画形象，发现于菲莱

发现了一块类似的石碑。

在奥古斯都剩余的统治时期和整个提比略统治时期，埃及的局势比较平静。这就是提比略统治的第十年（公元23年）最初驻扎在埃及的三支罗马部队减少到两支的原因。为了维护埃及的安宁，提比略严密监视自己的大臣，禁止官员们勒索或压迫人民。官员勒索或压迫人民可能导致叛乱发生。因此，提比略斥责了埃米利乌斯·勒图斯，因为他给罗马送去比规定数量更多的贡物。

图 16 ●发现于菲莱的大庭院西侧

提比略也严厉斥责了日尔曼尼库斯。公元19年，日尔曼尼库斯担任罗马帝国东部行省总督期间，曾利用机会访问埃及，寻找喜爱的古玩，并且沿尼罗河一直到达昔兰尼。然而，他的这次出访并没有得到提比略的许可。因此，他违反了奥古斯都制定的法律。这项法律禁止罗马元老院任何成员未经许可进入亚历山大。在储粮短缺时，为了降低粮食价格，日尔曼尼库斯还擅自开放公共粮仓，出售囤积的小麦。另外，他还在人群中身穿希腊服装走来走去，并且身边没有侍卫陪同。他的这些行为都可以被认为是叛国行为，特别是在埃及的行为，因为罗马皇帝拥有埃及才能控制罗马。埃及经常爆发动乱。一旦出现合适的领袖，埃及就难以控制了。

图 17 ● 坦提拉神殿的门廊，图片来自皮特里

图 18 ● 提比略的壁画形象，发现于菲莱

图 19 ● 刻有提比略崇拜荷鲁斯和伊西斯的石碑,目前这块石碑收藏在吉萨博物馆

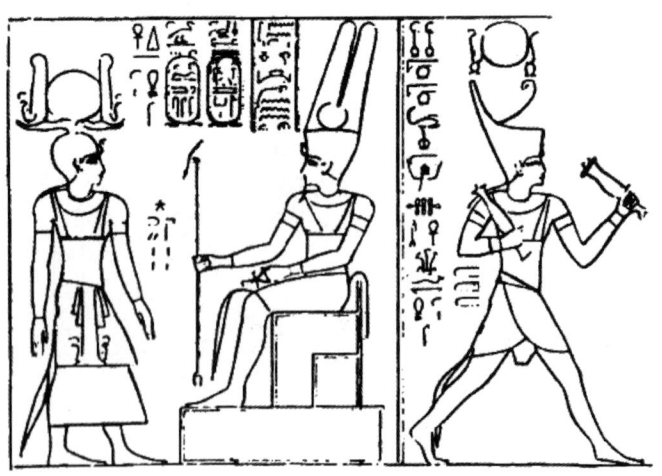

图 20 ● 提比略的壁画,发现于菲莱

●卡利古拉统治时期（公元37年到41年）

这一时期的建造活动包括在坦提拉修建大神殿的柱廊；在科普托斯修建献给赫姆-拉的走廊。

卡利古拉统治时期的建造活动都是继续以前开工的建筑。

此外，人们还发现了卡利古拉统治时期的铭文、莎草纸和陶片等遗迹。

提比略任命的最后一任埃及行省总督是奥卢斯·阿维利乌斯·弗拉库斯。公元32年到公元37年，弗拉库斯对埃及所有阶层一视同仁，成功地使埃及各派没有采取相互对抗的行动，并且牢牢控制了亚历山大的居民和罗马士兵。但提比略驾崩后，罗马帝国的大权落到卡利古拉手中。卡利古拉不是一位

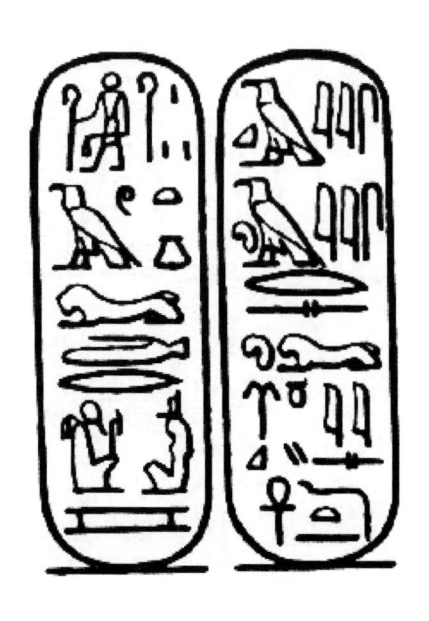

图21 ●卡利古拉的王名

强硬的统治者。于是，在埃及，希腊人和犹太人之间积累已久的敌意很快就有了宣泄的出口。与卡利古拉的友谊为希律·亚基帕一世赢得埃及行省总督一职。公元38年，希律·亚基帕一世抵达亚历山大时，希腊人和犹太人的冲突爆发了。斐洛和约瑟夫斯从犹太人的视角描述了冲突的状况。他们将希腊人描述为冲突的发起人。但可以发现，每当希律·亚基帕一世和他的儿子访问亚历山大时，这里总会发生暴乱。亚历山大的放债人都知道新总督希律·亚基帕一世原是一个破产者，摇身一变成为埃及行省总督。于是，亚历山大居民调侃他，想借机展示自己的幽默。亚历山大居民给一个白痴戴上一顶纸冠，带着他在街上嘲笑新任总督希律·亚基帕一世。希腊人认为，骚乱一

图 22 ● 卡利古拉的壁画形象，发现于坦提拉

发生，希律·亚基帕一世就会将犹太人的案件提交给卡利古拉皇帝。于是，希腊人开始为自己的行为辩护，声称犹太人无视卡利古拉的命令，没有在所有神殿内竖立卡利古拉的雕像，也没有将卡利古拉的雕像放在犹太教堂内。希腊人的观点得到了希律·亚基帕一世的支持。希腊人诱使他取消犹太人的公民权，并且使三十八名犹太拉比受到行刑者毒打。另外，他命令搜查犹太人居住区的所有房屋，寻找犹太人隐藏的武器。与此同时，希腊人肆意掠夺和杀害犹太人。

犹太人试图向卡利古拉申诉，但他们的请愿书被弗拉库斯拦截了。后来，请愿书落到希律·亚基帕一世手中。希律·亚基帕一世必须处理犹太人的申诉，避免自己蒙羞并遭到罢免。他未能维持埃及的和平，他也无权剥夺犹太人的公民权。在卡利古拉看来，重要的不是希律·亚基帕一世的治理能力，而是埃及爆发的冲突影响了他神化自己。卡利古拉认为犹太人违反了命令，必须受到惩罚。

在驱逐弗拉库斯时，希律·亚基帕一世采取了一些预防措施。这些措施表明希律·亚基帕一世作为埃及行省总督的强硬立场。罗马派来一位百夫长和一群士兵。他们潜伏在接近亚历山大的地方。等到天黑，他们才进入亚历山大。接着，在罗马战船到达亚历山大的消息还没有传到希律·亚基帕一世的耳朵，弗拉库斯急忙送给希律·亚基帕一世一个惊喜。在一次晚宴中，弗拉库斯逮捕了他，并且立即将他带到船上。

弗拉库斯令希律·亚基帕一世蒙羞。作为犹太人的代

图23 ●亚历山大的竞技馆的废墟[3]

表，弗拉库斯前往罗马，向卡利古拉陈述案情。希律·亚基帕一世未能争取到对自己有利的审讯。斐洛带领犹太人的代表，与希腊人的代表阿皮恩展开辩论。犹太人和希腊人在罗马皇宫内到处奔走，竭力想在官员讨论帝国事务的间隙，为己方给出有利的论据或解释。最后，由于唯一重要的问题似乎是对皇帝的崇拜，犹太人很高兴被皇帝以一种假装的轻蔑怜悯的态度打发掉，因为他们认识到他是一个神。

●克劳狄统治时期（公元41年到54年）

这一时期的建造活动包括在坦提拉修建大神殿的柱子；在伊斯纳修建门廊角落的柱子；在菲莱修建柱廊。

在其统治时期，克劳狄继续建造以前开工建造的建筑。

此外，人们发现了克劳狄统治时期的铭文、莎草纸和陶片等遗迹。

卡利古拉驾崩后，希律·亚基帕一世再次出现在亚历山大。亚历山大再次爆发骚乱。在这次骚乱中，攻击其他民族的一方无疑是犹太人。为了报复希腊人，犹太人希望新皇帝克劳狄推出的政策比上任皇帝卡利古拉的政策更倾向自己。公元41年，希律·亚基帕一世在罗马的势力仍然很强大，并且争取到克劳狄的支持，要求恢复奥古斯都授予犹太人的公民权和自治权。在亚历山大，他甚至公开露面，高声宣读保护犹太人的圣旨。

然而，犹太人和希腊人的仇恨不太可能平息。公元53年，年轻的希律·亚基帕二世被克劳狄立为迦勒底王，他与其

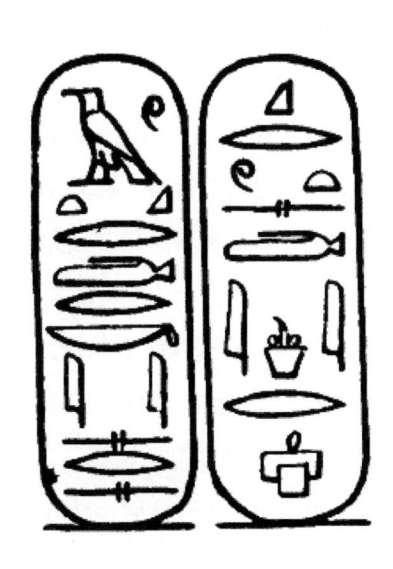

图 24 ●克劳狄的王名

图25●克劳狄的雕刻，发现于菲莱

父在亚历山大扮演的角色一样。希腊人憎恨希律·亚基帕二世干涉他们的事务，尽管希律·亚基帕二世与克劳狄是朋友。希腊人派了一位隶属于竞技官伊西多罗斯的使者到罗马，正式对他的行为提起控诉。

埃易斯·加卢斯远征阿拉伯以来，罗马人发现阿拉伯船运入红海港口的货物不是来自阿拉伯，而是来自印度。罗马人很快将这门生意掌握在自己手中。在一定程度上，这一发现是偶然的。当时，一位罗马税官被一场风暴从阿拉伯海岸刮到锡兰。埃及政府很快采取措施，确保埃及海港商船对运输红海货物的垄断地位。除了为镇压红海海盗采取的行动，大约在此时，一支罗马舰队被派往阿拉伯海岸的主要贸易中心阿达尼，并且摧毁了阿达尼。显然，罗马舰队摧毁阿达尼纯粹是出于商业目的。为了促进与印度的直接贸易，罗马帝国通过了一项特别关税，对来自阿拉伯海港的货物征收百分之二十五的高额进口税。

贸易的发展、平稳和谨慎的政府治理方式，为埃及人带来了诸多好处。其中，埃及政府采取的最主要措施是改善灌溉系统。这令埃及再次繁荣。埃及繁荣的标志是在克劳狄统治下亚历山大造币厂重新开张。奥古斯都统治时期，流通的新钱币很少。到卡利古拉统治时期，亚历山大完全停止发行货币。然而，此时，埃及重新铸币，并且铸造了大量亚历山大货币标准的四德拉克马银。尼禄统治时期，更多钱币被铸造出来。事实上，当时流通的钱币很多，这导致在接下来的一个世纪，克劳狄和尼禄统治时期铸造的钱币占全部钱币流通数量的二分之一。

图 26 ● 伊斯纳：石柱的顶部，图片由皮特里提供

图27 ●大埃尔穆波利斯神殿[4]

●尼禄统治时期（公元54年到68年）

这一时期的建造活动包括在卡拉尼斯修建菲尼菲洛神殿的入口；在坦提拉修建大神殿的东墙、柱廊和柱；在科普托斯修建托勒密十三世的神殿；在奈加大修建神殿西侧的柱廊。

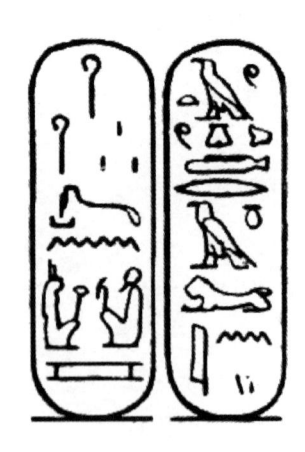

图28 ●尼禄的王名

尼禄统治时期，唯一不是前人开工建造的建筑是卡拉尼斯神殿的入口。卡拉尼斯神殿的入口完全是在尼禄统治时期开始建造并完工的。

此外，人们还发现了尼禄统治时期的铭文、莎草纸和陶片等遗迹。

公元55年，尼禄登基后不久，希腊人和犹太人爆发了一场新的十分严重的冲突。这场冲突是由一群想要前往巴勒斯坦的埃及犹太人挑起的。他们希望耶路撒冷能脱离罗马的控制。犹太人的行动没有成功，但在亚历山大的一次争执中，他们走出埃及、远征其他地方的宗教狂热进一步发酵。当时，犹太人袭击了希腊人集会的圆形竞技场，宣称要为自己受到不当对待的同伴伸张正义。尼禄和一些犹太长老的干预使这场争执愈演愈烈。希腊人自然要展开报复行动。罗马军队不得不保护犹太人，并且将犹太人保护在其集聚地内。

图 29 ● 尼禄的壁画形象，发现于坦提拉

然而，除了亚历山大，埃及其他地区都处于和平状态。即使在埃及南部边境，沙漠部落没有遭到入侵，也没有发生掠夺事件。一名护民官带着侦察队从昔兰尼前往麦罗埃。在尼罗河沿岸，除了沙漠，他们什么也没发现。

前往麦罗埃是尼禄的计划，尼禄制订了宏伟的征服东方

图30 ●菲尼菲洛神殿内部，发现于卡拉尼斯

国家的计划。计划的一个目标是入侵埃塞俄比亚。对此，公元68年，入侵埃塞俄比亚失败前，尼禄派遣一些日耳曼部队前往亚历山大。公元67年，亚历山大的居民就期待日耳曼部队到来，因为亚历山大的钱币开始雕刻尼禄的名字。当收到加尔巴被罗马军队拥护为皇帝的消息时，尼禄想退到埃及，甚至想成为埃及行省的总督。

总的来说，在罗马统治时期的第一个百年，埃及内部比较平稳。实际上，奥古斯都征服埃及并没有为埃及带来直接、客观的有利结果。托勒密王朝后期，埃及的贸易状况和农业生产状况迅速恶化。托勒密王朝的统治者们虽然动用了大量宫廷财产，但没能改善当时埃及的经济状况。埃及的税收没有减免。每年都有大量粮食被抽取作为贡品。与此同时，埃及当地的利率高达百分之十八。不过，没过多久，埃及当地的利率恢复到正常情况下的百分之十二。所有这些迹象表明埃及国库空虚。奥古斯都统治时期的几次叛乱可能源于埃及糟糕的状况。但后来，在一些有能力的总督治理下，埃及的状况逐步得到改善。盖乌斯·彼得罗尼乌斯打败了埃塞俄比亚人，保证埃及边境不被入侵。由于与印度和红海交通的发展，埃及的对外贸易扩大。特别是克劳狄采取措施，扩大埃及的手工业生产和矿产开采。通过疏通运河、恢复灌溉等方式，埃及政

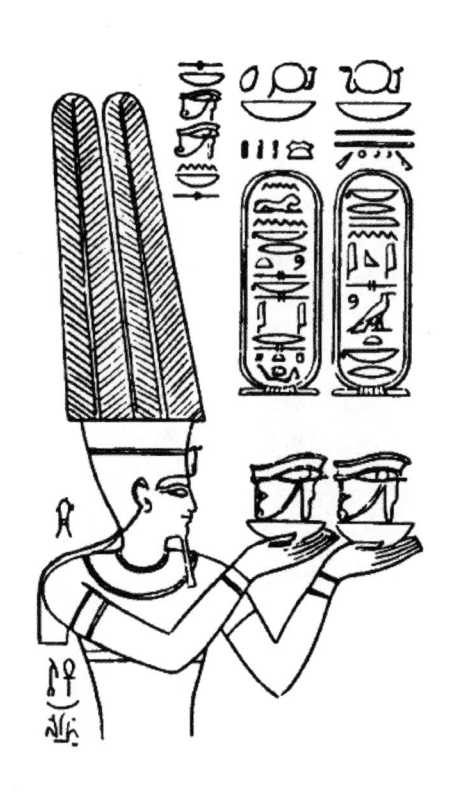

图 31 ● 尼禄的壁画形象，发现于奈加大

图 32 ● 尼禄下令建造的菲尼菲洛神殿的入口，发现于卡拉尼斯

府鼓励农业发展。首先是奥古斯都统治时期的彼得罗尼乌斯促进农业发展，后来是尼禄统治时期的提比里乌斯·克劳狄斯·巴尔比卢斯采取了类似措施。克劳狄和尼禄统治时期新铸的大量钱币标志着埃及走向繁荣。布西里斯和勒托波利特的居民发布公告，称赞尼禄和总督巴尔比卢斯，称尼禄为"整个世界的阿加索斯·代蒙[5]"。这一称呼可能没有实质意义，但显示了埃及人对政府的实际感受，并且表明尼禄和巴尔比卢斯为改善埃及的状况做出了许多努力。

图 33 ● 尼禄的桨帆船

【注释】

1　1英里约合1.6千米。——译者注
2　大希律王亦被称为希律一世,是罗马帝国在犹太行省的统治者。——译者注
3　罗伯特·安斯利:《埃及风光:基于罗伯特·安斯利收藏的图纸》。——原注
4　《埃及描述》。——原注
5　阿加索斯·代蒙最初是家庭和个人的守护神,后来成为亚历山大的守护神。——译者注

第 3 章

繁荣的一个世纪

(公元 68 年—192 年)

A CENTURY OF PROSPERITY

(68—192 A.D.)

●加尔巴统治时期 (公元68年到69年)

这一时期的建造活动包括在底比斯修建梅迪内哈布的小神殿。

加尔巴下令在底比斯继续建造前人未完工的建筑。

此外，人们还发现了加尔巴统治时期的铭文。

尼禄派往埃及的军队一到亚历山大就被召回罗马。此时，加

图 34 ●加尔巴的王名

图 35 ●加尔巴的壁画形象，发现于底比斯

尔巴登基。新皇帝加尔巴无意入侵[埃及,也没]有必要在埃及增加驻军。

●奥托统治时期（公[元68年—69年]）

这一时期的建造活动包括在底比斯[某座神庙]的门。

奥托在底比斯下令继续建造前人未完[成的神庙]。

此外,人们还发现了奥托统治时期的铭文。

起初,在拥护新皇帝这件事上,驻扎在埃及的两支军队没有打算与罗马帝国西部的军队持相反意见。在埃及的军队宣誓效忠加尔巴。加尔巴被杀后,在埃及的军队同样欣然接受奥托。然而,奥托的统治只维持了短短三个月,他登基的消息甚至还没有传到亚历山大以外的埃及地区。罗马帝国铸币厂为奥

图36 ●奥托的王名

图 37 ● 奥托的壁画形象，发现于底比斯

托铸造了钱币，但在上埃及的官方文件和其他文件中，加尔巴和韦斯帕芗之间没有其他罗马皇帝的名字。奥托的名字只出现在底比斯一座神殿的铭文中。这座神殿的建造历经了多位统治者。

●维特里乌斯统治时期（公元69年）

然而，驻扎在日耳曼的军队宣布维特里乌斯为罗马新皇帝的消息促使埃及军队采取行动。埃及军队与驻扎在东方的其他部队一起寻找皇帝的候选人。公元69年7月1日，奥托驾崩后维特里乌斯登基不到三个月时，在亚历山大，韦斯帕芗被埃及行省总督提比略·尤利乌斯·亚历山大正式宣布为新的罗马皇帝。此前，在叙利亚，韦斯帕芗被自己指挥的军队拥护为皇帝。在叙利亚和埃及所有军队的支持下，韦斯帕芗稳稳占领了东方。只要韦斯帕芗一声令下切断埃及向罗马供应的粮食，罗马就可能遭受饥荒。这是穆恰纳斯给韦斯帕芗的建议。但韦斯帕芗采取了更迅速的行动，他派穆恰纳斯及儿子图密善击溃了在意大利的维特里乌斯的军队。

●韦斯帕芗统治时期（公元69年到79年）

这一时期的建造活动包括在卡拉尼斯修建菲尼菲洛神殿；在伊斯纳制造楣梁（architrave）；在达赫尔绿洲修建阿蒙-拉神殿。

位于卡拉尼斯的菲尼菲洛神殿的大门是在韦斯帕芗统治时期建造的。此外，韦斯帕芗的名字只出现在以前罗马皇帝开工建造的建筑上。

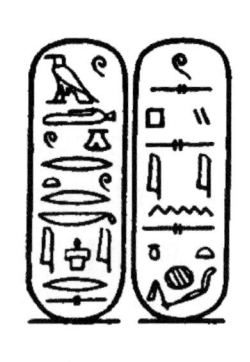

图38 ●韦斯帕芗的王名

此外，人们发现了韦斯帕芗统治时期的铭文和陶片。

韦斯帕芗前往亚历山大。如果他的军队被击败，那么他准备采取"饥饿计划"，即停止向罗马供应粮食。然而，到达亚历山大后不久，韦斯帕芗收到消息称维特里乌斯已经战败身亡，自己被罗马公民拥立为新皇帝。亚历山大居民自然隆重地接待了韦斯帕芗。奥古斯都征服埃及离开后，亚历山

图39 ● 在卡拉尼斯，韦斯帕芗下令建造的菲尼菲洛神殿的门

大居民就没有见过罗马皇帝。他们一定感觉到亚历山大的地位发生了巨大变化。亚历山大居民将韦斯帕芗视作神。一个盲人和一个手臂残疾的人听从萨拉匹斯的建议，来到韦斯帕芗面前，请求韦斯帕芗治愈他们的疾病。有消息传到国外，说通过在盲人眼睑上吐口水，并且脚踩残疾人手臂，韦斯帕芗成功治愈了他们。在萨拉匹斯神殿，韦斯帕芗还看到一个虚幻的景象。在这个景象中，他看到一位亚历山大名人巴西利德斯。当时，巴西利德斯重病缠身，正躺在数英里之外。

但很快，亚历山大居民发现，他们的神韦斯帕芗本质上是个商人。韦斯帕芗很关注世俗事务。他增加赋税，甚至很小一笔债务也要朋友偿还。于是，亚历山大居民重拾旧习，取笑统治者韦斯帕芗。由于征收盐鱼税，韦斯帕芗被称为"基比奥赛克斯"。有人向韦斯帕芗借六个欧宝[1]，但他迟迟不肯答应。因此，韦斯帕芗被称为"六欧宝人"。韦斯帕芗对这些俏皮话的回应也很有意思。他下令对亚历山大居民征收六欧宝人头税。此前，亚历山大居民不同于埃及地区的其他居民，免缴人头税。但韦斯帕芗的儿子提图斯介入此事，并使亚历山大居民继续免缴人头税。

第三昔兰尼加团和第二十二德尤塔卢斯团是在埃及的罗马军队的主力。公元70年，这两支部队从亚历山大被召集去增援正在围攻耶路撒冷的军队。第三昔兰尼加团和第二十二德尤塔卢斯团一直待在耶路撒冷，直到耶路撒冷被攻陷。此时，这两支部队由提图斯率领返回埃及。提图斯接替父亲韦斯帕芗担

图40 ● 亚历山大的克利奥帕特拉方尖碑和罗马塔[2]

图41 ●罗马石碑，目前收藏在吉萨博物馆

任攻打犹太人的指挥官。他曾帮助亚历山大居民向韦斯帕芗求情。在这次访问埃及期间，提图斯同样珍视与亚历山大居民的感情。他出席了孟菲斯一头阿匹斯圣牛的神化仪式，并且戴着皇冠出席这次仪式，显示皇室对这一仪式的重视。然而，提图斯的这一举动虽然是为通过支持埃及本土宗教增加罗马帝国政府在埃及的受欢迎程度，但这不受罗马人待见，因为这似乎预示提图斯想要夺取罗马皇位。

●提图斯统治时期（公元79年到81年）

这一时期的建造活动包括在伊斯纳修建神殿的南墙和东墙；在达赫尔绿洲修建阿蒙-拉神殿的大门和圣所。

提图斯下令修建的都是继续前人开工的建筑。

此外，人们发现了提图斯统治时期的铭文和莎草纸。

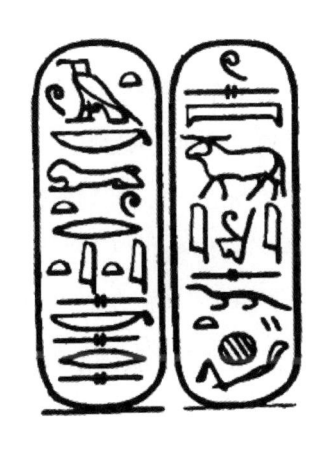

图42 ●提图斯的王名

除了尼禄，提图斯可能是第一位在帝国政策上倾向希腊人的罗马皇帝。提图斯还放弃旧观念，不将希腊人视为罗马的奴隶。但提图斯很早就驾崩了，他的政策没能影响罗马帝国的命运。

图43 ●提图斯的壁画形象，发现于伊斯纳

●图密善统治时期（公元81年到96年）

这一时期的建造活动包括在科普托斯建桥；在伊斯纳修建神殿的东墙和柱子；在库尔-勒斯拉斯修建伊西斯神殿；在凯西斯修建神殿的后墙。

图密善下令重建科普托斯运河上的桥。图密善统治时期都是在继续修建前人开工建造的神殿。

此外，人们发现了图密善统治时期的铭文、陶片和莎草纸。

图密善在其统治时期，开始半正式地承认埃及神的神圣地位。他在亚历山大发行钱币。钱币上刻有几座重要宗教城市的名字。尤维纳利斯记录的逸事描述了图密善统治时期诸神崇拜中心的繁荣，以及由此导致的各诺姆居民的憎恨。当时，他曾被派往昔兰尼担任副指挥官。根据尤维纳利斯的记载，在节

图 44 ●图密善的王名

图 45 ●图密善的壁画形象，发现于伊斯纳

日上，提拜德地区两座邻近的城镇坦提拉和奈加大的居民发生了冲突。原因是坦提拉人迫害鳄鱼，而奈加大人崇拜鳄鱼。在同伴逃跑后，一个奈加大人被抓，接着被坦提拉人杀死并吃掉。普鲁塔克[3]记录了一个更严重的案件。这个案件涉及赫普塔诺米斯地区的俄克喜林库斯镇和基诺波利斯镇。由于一个镇的居民侮辱另一个镇崇拜的神，两个镇的居民发生冲突。最后，罗马军队不得不被召来阻止两个镇的冲突。

在亚历山大，对伊西斯和萨拉匹斯的崇拜早已超过对其他埃及神的崇拜。另外，对伊西斯和萨拉匹斯的崇拜已经从亚历山大蔓延到意大利。罗马帝国政府虽然竭力压制对伊西斯和萨

拉匹斯的崇拜，但这一崇拜活动逐渐在意大利流行，直到图密善下令在罗马为伊西斯和萨拉匹斯建造神殿。

●涅尔瓦统治时期（公元96年到98年）

这一时期的建造活动包括在伊斯纳修建神殿的柱子。

唯一记录的涅尔瓦统治时期的建造活动是修建伊斯纳神殿的柱子。伊斯纳神殿是前人开工建造的。

此外，人们发现了涅尔瓦统治时期的铭文、陶片和莎草纸。

图46 ●涅尔瓦的王名

●图拉真统治时期（公元98年到117年）

这一时期的建造活动包括在帕诺波利斯修建赫姆神殿的入口；在坦提拉修建神殿的入口，修建提波尼姆神殿；在伊斯纳修建神殿的柱子；在菲莱修建O神殿；在象岛修建马米斯神殿；在塔米斯修建神殿的第二庭院和前院；在凯西斯修建萨拉匹斯和伊西斯神殿的塔。

图拉真统治时期完成建造菲莱神

图47 ●图拉真的王名

殿、坦提拉大神殿的入口、凯西斯的塔和帕诺波利斯神殿的入口。图拉真驾崩后，上面提到的其他建造活动仍在继续。

此外，人们发现了图拉真统治时期的铭文、陶片和莎草纸。

除了节日庆典，埃及人一般都相安无事。因此，图拉真统治时期，罗马驻埃及的两支部队中有一支被召回。即使由于尼罗河水位低导致饥荒时——饥荒通常会引发暴乱，埃及也风平浪静，其中一个原因是图拉真迅速采取措施，派一支舰队载满粮食送往亚历山大。这些粮食是公共粮仓的储粮。

但在亚历山大，希腊人和犹太人仍然互相仇恨。因此，引发动乱的因素始终存在。耶路撒冷被摧毁后，罗马对整个犹

图 48 ● 涅尔瓦的壁画形象，发现于伊斯纳

图 49 ● 图拉真的壁画形象，发现于伊斯纳

图 50 ● 图拉真的神殿，发现于菲莱

太民族采取的毁灭性政策使犹太人沉默了一段时间。公元115年，亚历山大爆发了一次全城范围的骚乱，但很快被镇压。但在公元116年，图拉真率领驻扎在东方的大部分军队参加了与安息帝国的战争。犹太人在埃及、塞浦路斯和昔兰尼，某种程度上也在巴勒斯坦和美索不达米亚，发动了大规模起义。犹太人屠杀了所有落入他们势力范围的希腊人，成功地将希腊人驱赶到亚历山大。与此同时，犹太人统治着埃及。被围困在亚历山大的希腊人开始报复，杀死了留在亚历山大内的所有犹太

图51 ● 图拉真在跳舞，发现于坦提拉

图52 ● 图拉真下令建造的入口，发现于坦提拉

图 53 ● 图拉真的壁画形象，发现于菲莱

人。但希腊人无法突破犹太人的重围，直到马西乌斯·图尔博带领一支专门派来镇压埃及和昔兰尼起义的军队和舰队抵达亚历山大。经过多场战斗，罗马军队才击溃犹太军队。镇压犹太人的战争持续了几个月。但渐渐地，幸存的犹太军队被赶到沙漠。在沙漠里，幸存者成为强盗。亚历山大的犹太人几乎被杀光了。骚乱过后，马西乌斯·图尔博重建了巴比伦要塞。巴比伦要塞用来守卫图拉真下令挖掘的从尼罗河的一条支流到红海的运河。

图54 ●巴比伦的罗马要塞

●哈德良统治时期（公元117年到138年）

这一时期的建造活动包括修建安蒂诺波利斯城；在坦提拉修建提波尼姆神殿；在菲莱修建G神殿；在蒙斯克劳狄斯修建宙斯·赫利俄斯·萨拉匹斯神殿。

蒙斯克劳狄斯的神殿可能是在图拉真和哈德良统治时期建造的。哈德良统治后期，坦提拉的提波尼姆神殿似乎没有再开展其他建造活动。在安蒂诺波利斯城

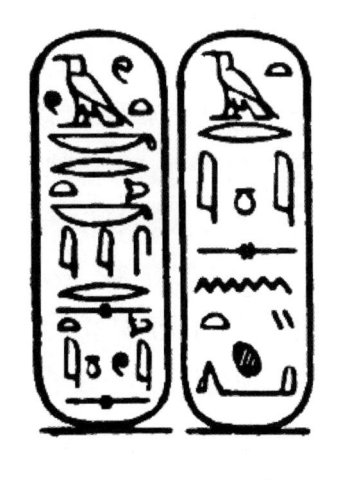

图55 ●哈德良的王名

图 56 ● 哈德良的壁画形象，发现于菲莱

遗址，人们没有发现哈德良统治时期的铭文，但安蒂诺波利斯可能是在哈德良统治时期规划和开工建设的。

此外，人们发现了哈德良统治时期的铭文、陶片和莎草纸。

哈德良继位时，亚历山大的骚乱还没有平息，这严重损坏了亚历山大的建筑。公元122年，哈德良在巡视罗马帝国并经过埃及时，下令修复和翻新亚历山大的神殿和其他公共建筑。这表明哈德良热爱古建筑。

哈德良推动哲学发展，资助博物馆内教师的工作，并且与

图 57 ●哈瓦拉墓的木乃伊肖像

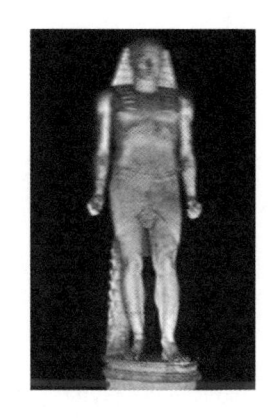

图 58 ●安提诺乌斯的雕像，目前收藏在梵蒂冈

图 59 ●安蒂诺波利斯神殿

图 60 ●安蒂诺波利斯[4]

教师们讨论哲学问题。然而，哈德良对哲学的关注不能减少亚历山大诡辩家闲散的工作态度带来的消极影响。显然，诡辩家们不需要在博物馆内长期工作，更不用说发表演讲了。为了获得薪水，他们只是将自己的名字挂在博物馆内，劳底嘉的波利蒙和米利都的狄奥尼修斯就是这样做的。

无疑，哈德良来到埃及促进了希腊艺术的复兴。从公元前2世纪到哈德良统治时期，希腊艺术都在走下坡路。在钱币

图 61 ●萨宾娜的王名

图案设计方面，希腊艺术的复兴表现得更明显。图拉真统治时期，钱币的类型和设计风格具有强烈的埃及特色。但在哈德良统治的第五年（公元121年），钱币图案的设计突然回归希腊的艺术风格。希腊艺术复兴的另一个例子是发现于法尤姆、哈瓦拉和鲁拜耶特的几个罗马墓地的木乃伊盒。哈德良统治时期，木乃伊盒上不再用木头或石膏塑造死者的形象，而是在盒上雕刻死者肖像。肖像用蜡制成，具有鲜明的希腊艺术特色。

哈德良不仅学习东方和希腊的思想，还对此深信不疑。安提诺乌斯的命运很好地说明了哈德良古怪的不拘一格的性情。安提诺乌斯是哈德良十分喜欢的一个年轻人，并且曾陪哈德良沿着尼罗河航行。根据普遍接受的说法，哈德良咨询了埃及占星家，占星家承诺如果哈德良愿意牺牲自己最珍贵的财产，那么他的寿命会延长、财富会增加。于是，为了帮助哈德良获得占星家说的好处，安提诺乌斯投河自尽或被抛下河淹死。我们不确定安提诺乌斯死时的具体情况，但哈德良建造了一座城市纪念安提诺乌斯。这座城市以安提诺乌斯的名字命名为"安蒂诺波利斯"。安蒂诺波利斯是一座希腊风格的城市，并且以希腊的治理方式治理，被纳入安蒂诺特诺姆。安提诺乌斯被奉为安蒂诺波利斯的英雄神。为了确保新城安蒂诺波利斯的繁荣，哈德良下令修建一条从安蒂诺波利斯出发穿过沙漠到达红海的道路。这条道路一直延伸到贝勒尼凯。然而，印度商人似乎没有使用这条道路运输货物。

公元131年，哈德良及其妻子维比娅·萨宾娜再次到访埃

图 62 ●哈德良到达亚历山大场景的雕刻，目前收藏在大英博物馆

图 63 ●亚历山大城居民欢迎哈德良场景的雕刻，目前收藏在大英博物馆

及。关于哈德良这次旅程的记录很少。在底比斯北部的巨像上，人们只发现了哈德良及其追随者的名字。哈德良一行到访过底比斯。实际上，罗马游客到访埃及必然到访底比斯，并且在日出时聆听大自然的音乐。

●安东尼·庇护统治时期（公元138年到161年）

这一时期的建造活动包括在亚历山大修建东门与大门；在坦提拉修建神殿东门；在阿波利诺波利斯-帕尔瓦修建哈尔波克特拉斯神殿的庭院；在底比斯修建梅迪内哈布小神殿的前厅；在伊斯纳雕刻雕塑；在昔兰尼修建长方形柱廊大厅；在乔尼美里斯修建阿门比斯神殿的神坛和门廊。

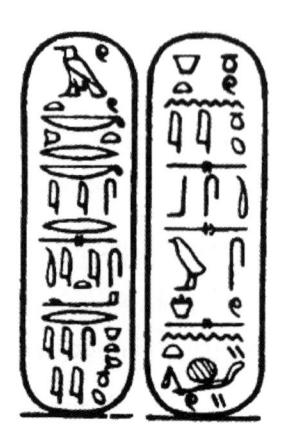

图 64 ●安东尼·庇护的王名

图65 ●安东尼·庇护的壁画形象

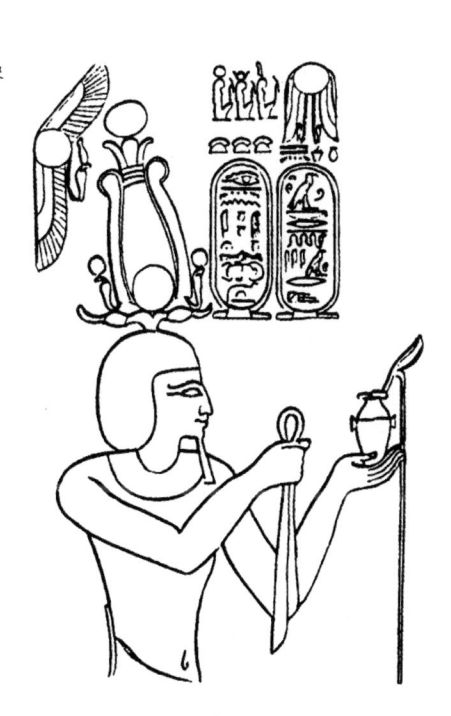

在梅迪内哈布神殿最新发现的铭文是安东尼·庇护统治时期的铭文。在乔尼美里斯和阿波利诺波利斯-帕尔瓦的建造活动是重建的工程。

此外，人们发现了安东尼·庇护统治时期的铭文、陶片和莎草纸。

庇护统治时期，埃及内部一片太平。除了在一次亚历山大居民的内讧中，埃及行省总督——可能是塞姆普罗纽斯·利贝里拉斯——被杀。据说，这次骚乱令罗马皇帝庇护对亚历山大很不满。但据记载，他随后参观了亚历山大，建造了一个跑马场，并且在东西两条贯穿亚历山大的主要街道的两端分别建造了太阳门和月亮门。

庇护统治的第一年(公元138年)，埃及人庆祝一千四百六十年一度的天狼星节。天狼星升起之日是新年的第一天。这一年庆祝天狼星节可能是出于政治方面的原因，因为天文学家并没有在这一年观测到天狼星升起。

图66●安东尼·庇护的钱币，发现于菲尼克斯，目前收藏在牛津大学博德利图书馆

● **马可·奥勒留统治时期**(公元161年到180年)
● **卢修斯·维鲁斯统治时期**(公元161年到169年)

这一时期的建造活动包括在布西里斯修复神殿；在安泰奥波利斯重建神殿；在伊斯纳修建神殿外围的西墙；在菲莱修建G神殿。

图67●马可·奥勒留的王名　　图68●卢修斯·维鲁斯的王名

图 69 ● 马可·奥勒留的壁画形象，发现于伊斯纳

在马可·奥勒留统治时期，伊斯纳的神殿仍在修建。布西里斯和安泰奥波利斯的旧建筑被修复。菲莱的G神殿的建造也许是在奥勒留统治时期完成的，因为铭文中提到的最后一位皇帝是奥勒留。

此外，人们发现了奥勒留统治时期的铭文、陶片和莎草纸。

奥勒留统治时期，埃及本地人起义，但这次起义的发动者与通常在亚历山大爆发的起义的发动者明显不同。这次起义的发动者是由被雇用从事农业生产的埃及居民组成的农民军。很快，起义蔓延至整个埃及，并染上了宗教色彩。起义军的领导者伊西多罗斯是祭司。追随者在宣誓效忠时，伊西多罗斯会分发给他们被杀死的罗马人的肉。这是典型的埃及食人仪式。罗马军队在与起义军的战斗中战败，亚历山大险些落入起义军之

图70 ●安泰奥波利斯神殿

手。阿维迪乌斯·卡修斯虽然带着援军从叙利亚前来，但没有直接与起义军交手，而是在起义军中散播谣言。通过这种方法，卡修斯最终击溃了起义军。

镇压起义后不久，公元175年，罗马军队发动叛乱。领导者正是在镇压农民起义中获胜的卡修斯。据说，卡修斯与小福斯蒂娜皇后私通，想在马可·奥勒留驾崩后夺取罗马帝国。奥勒留驾崩的假消息传出后，卡修斯的部队拥护他为皇帝。卡修斯的儿子阿维迪乌斯·梅西亚努斯留在亚历山大掌管埃及事务，卡修斯前往叙利亚争取罗马军队的支持，并且迅速获得这支军队的拥护。但这场叛乱很快被平息了。在奥勒留准备战争时，卡修斯被一位百夫长杀死，阿维迪乌斯·梅西亚努斯也被驻扎在亚历山大的军队杀死。

虽然叛乱被平息，奥勒留到访东方，但叛军逃走了，并且没有受到严厉惩罚。由于及时投降，叛军中大多数成员得到赦免。即使牵连最深的人，如卡修斯和埃及行省总督盖乌斯·卡尔维修斯·斯塔蒂亚努斯的子女，也没有被处罚或流放。

●康茂德统治时期（公元180年到192年）

这一时期的建造活动包括在卡拉尼斯修建菲尼菲洛神殿；在伊斯纳修建神殿的西墙和柱廊。

在卡拉尼斯修建菲尼菲洛神殿，主要工程是修复它的入口。

此外，人们发现了康茂德统治时期的铭文、陶片和莎草纸。

奥勒留的宽大处理未能长时间保护卡修斯家族。康茂德登基后做的第一件事是将卡修斯家族的成员处死。

图71 ●康茂德的王名

在康茂德统治的大部分时间内，埃及的繁荣程度达到尼禄统治时期的繁荣程度。由尼禄率先施行的罗马帝国发展策略推动埃及走向繁荣。尼禄以后的罗马皇帝也采取了类似的发展策略。此时，埃及继续与东方开展贸易，并且贸易规模有所扩大。在庇护或奥勒留统治时期，罗马商人已经到中国开展贸易。埃及商人发现了季风的特点，舍弃了原来的海岸航线，选择直接从阿拉伯湾穿越阿拉伯海到印度。因此，埃及到印度的航程缩短了。老普林尼[5]描述了埃及与东方的贸易

图72 ● 康茂德的壁画形象，发现于伊斯纳

额。据他估计，埃及每年从阿拉伯和印度进口的货物价值达一亿塞斯特斯[6]。除了从米奥斯贺尔莫斯和贝勒尼凯到科普托斯这条公认的贸易路线，图拉真还提出了新的陆上贸易线路。他下令重修连接尼罗河和红海的运河。哈德良下令修建了从贝勒尼凯到安蒂诺波利斯的道路。此时，与东方的贸易主要掌握在埃及人手中，贸易获得的利润使埃及变得富裕。随着对外贸易的发展，利率降到百分之十或百分之十二。埃及发行的钱币仍在稳步增加。钱币的铸造工艺和重量也越来越符合标准。但在庇护统治后期，人们开始抱怨税收的压力。在庇护颁布的一项法令中，他承诺为了让逃避赋税离开村庄的人回家，免除回乡者未偿还的债务。这项法令标注的日期是庇护统治的第十七年（公元154年）。但不久，多项类似法令相继颁布。镇压农民起义的战争对埃及农业造成了严重打击。随着时间的推移，这场战争蔓延至埃及大部分地区。在埃及各地，许多农民加入起义军。自罗马帝国统治埃及开始，与这次起义类似的唯一一场起义是图拉真统治时期犹太人发动的起义。但与犹太人起义相比，这次起义的后果要严重得多。犹太人起义对埃及人影响很小，对作为统治阶层的罗马人和希腊人造成的影响更是微乎其微。康茂德统治时期，从埃及运到罗马的粮食必须由一支非洲船队运送。这是农民起义带来的后果。另外，钱币的铸造标准明显下降。在康茂德统治时期的一封信中，写信人哀伤地提到谋生的艰难，这或许能准确反映当时埃及农民的普遍感受。

【注释】

1　欧宝是古希腊的银币。——译者注
2　《埃及描述》。——原注
3　普鲁塔克,生活于罗马时代的希腊作家,以《希腊罗马名人传》留名后世。文艺复兴时期,普鲁塔克的作品大受欢迎。蒙田对普鲁塔克推崇备至。莎士比亚的不少剧作都取材于普鲁塔克的记载。——译者注
4　《埃及描述》。——原注
5　老普林尼是古罗马的百科全书式作家,以著作《自然史》闻名。——译者注
6　塞斯特斯是古罗马的一种钱币。——译者注

第 4 章

行省制度的式微

（公元 193 年—283 年）

THE DECAY OF
THE PROVINCIAL SYSTEM

(193–283A.D.)

●佩蒂纳克斯统治时期（公元193年）

人们发现了佩蒂纳克斯统治时期的莎草纸。

埃及人承认佩蒂纳克斯的短暂统治。另外，标注佩蒂纳克斯统治时期的文件证明了一条消息从罗马传到埃及需要的时间。公元193年1月1日，佩蒂纳克斯登基成为罗马皇帝。公元193年3月6日，埃及行省总督下令举行为期十五天的庆典，庆祝佩蒂纳克斯登基。佩蒂纳克斯登基时，埃及行省颁布了一项法令，纪念佩蒂纳克斯登基。公元193年3月28日，佩蒂纳克斯遭谋杀。但公元193年5月19日，埃及行省的官方文件还写有佩蒂纳克斯的名字。这表明，当时法尤姆还没收到皇帝佩蒂纳克斯已经死亡的消息。

●狄第乌斯·尤里安统治时期（公元193年）
●培森尼乌斯·尼杰尔统治时期（公元193年到194年）

人们发现了这一时期的陶片和莎草纸。

佩蒂纳克斯之后登上罗马皇位的狄第乌斯·尤里安并没有被埃及人接受。亚历山大铸币厂没有为尤里安铸造钱币，莎草纸上也没有记录尤里安的名字。埃及人支持培森尼乌斯·尼杰尔登上罗马皇位。尼杰尔是驻扎在叙利亚的罗马将军。尼杰尔在指挥昔兰尼军队保卫埃及的边疆、抵挡来自沙漠的部落的入侵时，赢得埃及人的拥护。埃及人之所以喜欢尼杰尔，主要是

图 73 ● 发现于阿拜多斯的罗马墓碑，目前收藏在吉萨博物馆

因为他治军有方。尼杰尔的部队没有掠夺埃及人的财产，但其他军队习惯性掠夺埃及人的财产。罗马在叙利亚的驻军拥护尼杰尔为罗马皇帝，罗马驻埃及的军队和埃及人都支持尼杰尔。

●塞普蒂米乌斯·塞维鲁统治时期（公元193年到211年）

塞普蒂米乌斯·塞维鲁统治时期的建造活动包括在伊斯纳修建神殿的南墙和北墙。

此外，人们发现了塞维鲁统治时期的铭文、陶片和莎草纸。

在接下来的战争中，埃及作为罗马

图 74 ● 塞普蒂米乌斯·塞维鲁的王名

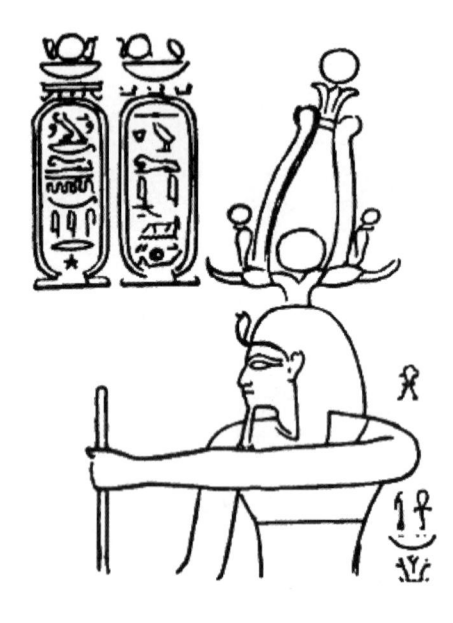

图 75 ●塞普蒂米乌斯·塞维鲁的壁画形象，发现于伊斯纳

粮仓的重要地位明显下降。为了确保能向罗马持续不断地供应粮食，尼杰尔的竞争对手塞维鲁一成为罗马的主人，就急忙保护非洲其他地区，而不是埃及。这表明，埃及行省总督再不可能像韦斯帕芗那样使用饥荒策略使罗马屈服。最终，公元194年，尼杰尔的军队在齐库斯被塞维鲁打败。塞维鲁无可争议地获得了罗马帝国。

过了一段时间，公元196年，塞维鲁到访埃及，恢复了亚历山大居民的地方自治特权，虽然这一特权曾被奥古斯都剥夺。塞维鲁给予亚历山大很大的恩惠，可能是因为多年来亚历

图 76 ● 塞普蒂米乌斯·塞维鲁和朱莉娅·多姆娜的壁画形象，发现于伊斯纳

山大总体保持安定。自公元116年希腊人和犹太人爆发骚乱以来，亚历山大只在庇护统治时期发生过一次骚乱。

●卡拉卡拉统治时期（公元211年到217年）
●盖塔统治时期（公元211年到212年）

这一时期的建造活动包括在伊斯纳修建神殿外墙；在亚历山大修建兵营。

此外，人们发现了卡拉卡拉统治时期的铭文、陶片和莎草纸。

塞维鲁的儿子卡拉卡拉曾到访亚历山大，但给当地居民带来了不愉快的经历。亚历山大居民讽刺卡拉卡拉，嘲笑他模

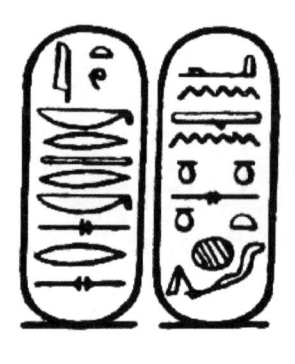

图 77 ● 卡拉卡拉的王名　　　　　　　图 78 ● 盖塔的王名

仿亚历山大大帝和阿喀琉斯这样的英雄，还说他杀害弟弟盖塔。公元215年，卡拉卡拉到达亚历山大时，亚历山大居民外出迎接他，卡拉卡拉也给予报答。几天后，他宣布希望征召亚历山大城内身强力健的年轻人为自己麾下的士兵。因此，在亚

图 79 ● 卡拉卡拉和盖塔的壁画形象，发现于伊斯纳

图 80 ● 盖塔的壁画形象，发现于伊斯纳

历山大城外的平原上，亚历山大居民聚集，但卡拉卡拉的军队包围并控制了这些年轻人。随后发生的屠杀由返回亚历山大的罗马士兵执行。另外，罗马士兵还冲入住宅杀死亚历山大的居民。另外，卡拉卡拉废除各种比赛和共餐制（syssitia），并且下令在亚历山大城修建一堵墙，将亚历山大城分成两部分。与此同时，卡拉卡拉指示一直驻扎在尼科波利斯外的士兵进入亚历山大城内居住。

可能是在卡拉卡拉访问埃及前不久，检察官提蒂亚努斯被卡拉卡拉手下的一个被释奴隶奥雷利乌斯·忒奥克里托斯下令暗杀。在埃及行省政府中，忒奥克里托斯担任要职。他不是第一个来自被释奴隶阶层、掌握埃及实权的统治者。巴斯利季斯是克劳狄的被释奴隶。韦斯帕芗登基前，巴斯利季斯一直在亚

图81 ● 卡拉卡拉的巨型头部雕像，发现于科普托斯，该图片由皮特里提供

图83 ● 脸部被重新雕刻成卡拉卡拉模样的雕像，目前收藏在吉萨博物馆

图82 ● 卡拉卡拉的壁画形象，发现于伊斯纳

历山大握有大权。实际上，更早时，塞维鲁被提比略任命为埃及行省总督。

●马克里努斯统治时期（公元217年到218年）

人们发现了马克里努斯统治时期的莎草纸。

马克里努斯一登上罗马皇位，就召回埃及行省总督尤里安，并且派元老院成员马略·塞昆德斯作为副总督陪同新总督巴希里安就任。奥古斯都禁止元老院成员在埃及担任行政官职的禁令首次被打破。

●埃拉伽巴路斯统治时期（公元218年到222年）

人们发现了埃拉伽巴路斯统治时期的铭文和莎草纸。

然而，在各地的官职上，巴希里安和马克里努斯都没有待很长时间。埃拉伽巴路斯一被叙利亚军队宣布为罗马皇帝，亚历山大的罗马驻军就宣布拥护他。这与韦斯帕芗和尼杰尔登基的情况一样。韦斯帕芗和尼杰尔都是先在叙利亚获得提名，随后得到埃及军队拥护。但当新的皇位候选人埃拉伽巴路斯自称是卡拉卡拉之子（埃及人十分憎恨卡拉卡拉）时，埃及人自然反对埃拉伽巴路斯，转而支持巴希里安。巴希里安处死了来自叙利亚的信使。最终，在亚历山大爆发了一场战争，埃拉伽巴路斯的军队获胜，马略·塞昆德斯被杀，巴希里安逃到罗马。

●亚历山大·塞维鲁统治时期（公元222年到235年）

人们发现了亚历山大·塞维鲁统治时期的铭文和莎草纸。

马克里努斯之所以打破奥古斯都的禁令，可能是因为埃及的地位大大下降了。正如上文指出的那样，埃及不再是罗马唯一的或主要的粮仓，埃及的财富大大减少，埃及宗教的影响力也有所减弱。因此，当时，即使一个有权势的人，也难以在埃及找到发动叛乱需要的物资。在塞维鲁统治时期，人们还发现一个说明埃及重要性下降的更突出的例子。当埃巴加图斯在罗马领导禁卫军[1]兵变时，塞维鲁任命埃巴加图斯为埃及行省总督，并且将他派到埃及。这似乎表明，只要将埃巴加图斯派往埃及，埃巴加图斯就不能对罗马构成威胁。塞维鲁任命埃巴加

图84 ● 希腊语石碑，发现于瓦迪-卡达西

图 85 ● 船形罗马灯具，皮特里收藏

图斯为埃及行省总督，表面上是给他一个肥差，实际上是为了使他远离罗马禁卫军，削弱他在禁卫军中的影响力。这一点因后来他被私下处死而得到证实。

●马克西密努斯·色克雷斯统治时期（公元235年到238年）

人们发现了马克西密努斯·色克雷斯统治时期的铭文和莎草纸。

●戈尔迪安一世统治时期（公元238年）
●戈尔迪安二世统治时期（公元238年）
●巴尔比努斯统治时期（公元238年）
●普皮恩努斯·马克西穆斯统治时期（公元238年）
●戈尔迪安三世统治时期（公元238年到244年）

人们发现了戈尔迪安三世统治时期的铭文和莎草纸。

●"阿拉伯人"菲利普统治时期（公元244年到249年）

人们发现了"阿拉伯人"菲利普统治时期的铭文和莎草纸。亚历山大·塞鲁维驾崩后，罗马皇帝频繁登基、退位。这使埃及地位下降一事在史书中不值一提。埃及人似乎默许命运的安排和埃及西部省份的决定，亚历山大的官员也毫不犹豫地承认任何被拥护的罗马皇帝。随后登上皇位的有来自非洲的戈尔迪安一世和戈尔迪安二世。与此同时，埃及铸造了这两位皇帝和马克西密努斯·色克雷斯的钱币。戈尔迪安一世和戈尔迪安二世想推翻色克雷斯的统治，但以失败告终。在罗马帝国，埃及和其他东部省份唯一的共同点是囊中羞涩。埃及政府在收税方面的无能迫使"阿拉伯人"菲利普与多瑙河的哥特人讲和。

●德西乌斯统治时期（公元249年到251年）

这一时期的建造活动包括在伊斯纳修建神殿的西墙。

在伊斯纳神殿的墙上，铭文中提到最后一位皇帝是德西乌斯。

此外，人们发现了德西乌斯统治时期的铭文和莎草纸。

埃及政治出现了引起骚乱的

图86 ●德西乌斯的王名

图 87 ● 德西乌斯的壁画形象，发现于伊斯纳

新因素——基督教。基督教势力的增强使埃及统治阶层承认了基督教。公元2世纪，埃及的确曾有一些阻止基督教传播的尝试，但这些尝试的影响范围仅限于埃及部分地区。首次阻止基督教传播的尝试发生在德西乌斯统治时期（公元250年）。当时设置了一项考验，迫使每位基督教徒做出牺牲，如果他们拒绝做出牺牲就要遭受谴责甚至处死。通过考验的人可以从地方法官处取得证书，以表彰他们的表现。

●加卢斯统治时期（公元251年到254年）

人们发现了加卢斯统治时期的莎草纸。

●埃米利安努斯统治时期（公元252年到254年）
●瓦勒良统治时期（公元253年到260年）

人们发现了瓦勒良统治时期的铭文和莎草纸。

●加里恩努斯统治时期（公元260年到268年）

人们发现了加里恩努斯统治时期的铭文和莎草纸。

●马克利亚努斯一世统治时期（公元260年到261年）
●马克利亚努斯二世统治时期（公元260年到261年）
●奎伊图斯统治时期（公元261年到262年）

人们发现了奎伊图斯统治时期的铭文和莎草纸。

加里恩努斯统治时期，埃及完全卷入罗马帝国的大范围叛乱中。起初，与以往一样，埃及紧跟叙利亚的步伐，承认马克利亚努斯一世及其两个儿子马克利亚努斯二世和奎伊图斯是罗马皇帝。但当他们遭废黜后[2]，公元262年，亚历山大的叛军为了自己的利益推选了一位皇帝，并且强迫总督埃米利安努

图 88 ● 奎伊图斯的铭文，发现于科普托斯，皮特里收藏

斯接受这一人选。在几个月的时间内，这位皇帝带着雄心壮志统治埃及。他赶走了入侵提拜德的布莱梅耶人，并且准备远征埃塞俄比亚。这时，狄奥多图斯来到亚历山大，支持加里恩努斯成为罗马皇帝。在埃及人推选的皇帝和加里恩努斯随后的战斗中，亚历山大被摧毁。双方在不同地区划分了势力范围，并且将沙漠作为缓冲地带。在亚历山大城内，卡拉卡拉修建的隔离墙很可能是标记双方势力范围的界限。最后，狄奥多图斯获胜。他俘虏了埃米利安努斯，并且将埃米利安努斯作为囚犯押送到罗马。此时，亚历山大成为废墟，瘟疫流行。这次瘟疫造

图 89 ● 马库斯·尤利乌斯·埃米利安努斯的钱币，目前收藏在大英博物馆

成许多人死亡。据记载，在亚历山大，十四岁到八十岁的居民人数只等于以前四十岁到七十岁居民的人数。这意味着亚历山大的居民人数不到以前居民人数的三分之一。

●克劳狄二世统治时期（公元268年到270年）

人们发现了克劳狄二世统治时期的莎草纸。

过去几年，在奥登纳图斯的领导下，巴尔米拉的势力不断增强。奥登纳图斯去世后，他的遗孀芝诺比阿渴望巴尔米拉从罗马独立。首先，芝诺比阿采取行动占领埃及。奥登纳图斯曾被加里恩努斯任命为罗马东部诸省驻军的指挥官，埃及将成为罗马帝国东部的一个行省。不过，奥登纳图斯的地位从来没有被罗马东部诸省的人们承认。克劳狄二世统治的第一年（公元268年），一个叫提玛吉尼斯的埃及人邀请巴尔米拉军队进入埃及。芝诺比阿接受了提玛吉尼斯的邀请，并且派遣一支七万人的军队，在扎达斯的率领下前往埃及。罗马驻军虽然兵力比较少，但顽强抵抗了巴尔米拉军队的进攻。起初，罗马驻军作战失利。巴尔米拉军队主力撤退，留下大约五千人的小规模驻军。这支驻军被罗马将军普罗布斯驱逐出境。扎达斯和提玛吉尼斯率军返回埃及，并且被普罗布斯的部队打败。但当普罗布斯试图切断扎达斯和提玛吉尼斯的部队在巴比伦附近的退路时，提玛吉尼斯对巴比伦地形的了解确保了巴尔米拉军队最终的胜利，并且导致普罗布斯自杀。

在整个克劳狄二世统治时期，罗马帝国政府在埃及的实际统治仅限于亚历山大。巴尔米拉人和同属阿拉伯民族的布莱梅耶人结盟。他们威胁罗马帝国在第一瀑布区的边疆地区——自奥古斯都时代以来，第一瀑布区的边疆地区一直没有受到侵扰。在

图 90 ●小祭坛，皮特里收藏

图 91 ●马可·奥勒留的祭坛，发现于科普托斯，图片由皮特里提供

科普托斯，巴尔米拉人和布莱梅耶人可能获得了支持。在这里，罗马帝国政府派驻了一批巴尔米拉弓箭手。巴尔米拉人和布莱梅耶人控制着整个上埃及，并且最终占领了亚历山大的部分地区。

●昆提卢斯统治时期（公元270年）
●奥勒良统治时期（公元270年到275年）

人们发现了这一时期的莎草纸。

虽然巴尔米拉军队正与罗马军队作战，但巴尔米拉政府没有明确表示不效忠罗马皇帝。巴尔米拉军队的拥护者已经在亚历山大获得立足点。亚历山大铸造的钱币正面印有奥勒良的头像，芝诺比阿之子瓦巴拉托斯的头像出现在钱币反面。但很快，公元270年，奥勒良与芝诺比阿断绝关系，并且出发收复埃及。奥勒良成功地将巴尔米拉军队及其追随者赶到布鲁基恩，并且在布鲁基恩包围了巴尔米拉军队。由于饥饿，巴尔米拉军队及其追随者被迫投降。奥勒良率军摧毁了巴尔米拉军队的驻地，推倒了亚历山大城的隔离墙。

将巴尔米拉人驱逐出亚历山大后，埃及内部仍有很多导致动乱的因素。罗马人最危险的对手是埃及本地居民的首领菲尔姆斯。菲尔姆斯与布莱梅耶人和巴尔米拉军队的残部关系密切。实际上，他控制了上埃及，甚至对亚历山大造成威胁。但奥勒良率军回到埃及，并且打败了菲尔姆斯。

● **克劳狄·塔西佗统治时期**（公元275年到276年）
● **普罗布斯统治时期**（公元276年到282年）

人们发现了这个时期的莎草纸。

来自埃及南部边境的布莱梅耶人统治了整个提拜德，并且引起了罗马帝国政府的注意。奥勒良将普罗布斯留在埃及。普罗布斯逐渐将布莱梅耶人赶回他们的家园。普罗布斯不得不应付利比亚沙漠中一些游牧民族对埃及西部边境的攻击。直到六七年后，普罗布斯才从沙漠部落手中收复上埃及的两个主要军事据点——托勒迈斯和科普托斯。在奥勒良驾崩和克劳狄·塔西佗的短暂统治后，普罗布斯被埃及军队拥护为罗马皇帝。他的竞争对手是克劳狄·塔西佗的弟弟弗洛里安努斯。与

图 92 ● 罗马的陶俑，皮特里收藏

此同时，叙利亚军队接受普罗布斯为罗马皇帝，罗马帝国的其他行省也同意普罗布斯登上罗马皇位。

●卡鲁斯统治时期（公元282年到283年）

人们发现了卡鲁斯统治时期的莎草纸。

●卡里努斯统治时期（公元283年到285年）

从塞普蒂米乌斯·塞维鲁统治时期到戴克里先统治时期，埃及经济每况愈下。重税迫使大批土地耕种者离开家园，过上强盗般的生活。一份记录显示，法尤姆的一个地区六分之一的耕地已经无人耕种或被占领。这可能是埃及政府没能疏通运河导致的。在与布莱梅耶人的战争中，普罗布斯曾命令士兵疏通运河。实际上，这项工作本应该由每年特别任命的官员定期执行。耕地无人耕种的主要原因是从事农业生产难以谋生。另外，由于没能减免每个地区总体缴纳的税金，农场主的负担越来越大。最不幸的是被迫在自己的村庄内主持税收工作的人，如果没有完成税收任务，那么他们的财产将被政府没收。上文提到，"阿拉伯人"菲利普在东方提高罗马帝国税收方面，遇到不少困难。当时，钱币的尺寸不断缩小，钱币的铸造工艺十分粗糙。这进一步表明罗马政府的尴尬处境。从某种程度上说，钱币尺寸缩小表示物价上涨。例如，在一个世纪的时间内，一阿塔拜[3]谷物的价格从八德拉克马上涨到十七德拉克马或十九德拉克马。虽然谷物价格上涨，但农民几乎没能从中获益，因为他们生产的大部分农产品以实物形式直接向政府支付，而不是按农产品的价值支付。物价上涨也引起手工业者的工资上涨。公元2世纪初，手工业者每天只能得到三分之二德拉克马到三德拉克马的工资。四十年后，手工业者每天的工资为四德拉克马到六德拉克马。在戴克里先执掌罗马帝国政府并推行改革前，埃及农民，特别是那些拥有大片土地的农民，肯定已经濒临破产。

【注释】

1. 罗马禁卫军（Praetorian Guards），主要指罗马帝国（公元前27年—395年）期间罗马皇帝和宫殿的卫队。"禁卫军"一词来源于拉丁语中的"Praetorium"，意思是"罗马将军的营帐"。部队由罗马公民中的精英组成，主要为步兵，也有一小部分骑兵。——译者注
2. 在伊利里肯，马克利亚努斯一世和马克利亚努斯二世战败。在霍姆斯，奎伊图斯战败。——原注
3. 阿塔拜是古埃及容量测量单位，1阿塔拜等于27.13升。——译者注

第 5 章

国家和教会的斗争
(公元 284 年—379 年)

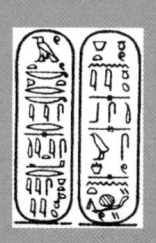

THE STRUGGLE BETWEEN THE STATE

AND THE CHURCH

(284—379A.D.)

●戴克里先统治时期（公元284年到305年）

戴克里先统治时期的建造活动包括在菲莱修建拱门。

菲莱的拱门可能是菲莱岛防御工事的一部分，并且在戴克里先统治时期修建。

此外，人们发现了戴克里先统治时期的铭文和莎草纸。

普罗布斯打败布莱梅耶人只是暂时阻止了他们入侵埃及。布莱梅耶人年复一年地对上埃及发动进攻。上埃及居民没有采取任何行动抵抗布莱梅耶人的进攻，也没有为罗马军队提供任何帮助。当地居民可能认为，没有一支入侵部队对自己的掠夺能比得上罗马帝国政府对自己的掠夺。昔兰尼守军根本无法抵抗布莱梅耶人的武装。戴克里先制订了一个保护提拜德的

图93 ●戴克里先在菲莱下令建造的拱门

图 94 ● 罗马灯具，皮特里收藏

新计划。长期以来，多德卡肖伊诺的军事边界只是罗马帝国名义上的疆界。罗马军队在埃及的兵力减少，无法腾出占领多德卡肖伊诺需要的兵力。罗马人从多德卡肖伊诺的小块耕地中获得的收入微乎其微。事实上，没有证据证明多德卡肖伊诺曾被罗马人视为收入来源地。在财政方面，多德卡肖伊诺没有纳入罗马帝国政府的管辖范围。因此，戴克里先将罗马帝国的边界从西拉卡米诺斯收缩至昔兰尼，并且为保护上埃及免受布莱梅耶人的攻击，他邀请埃及西部沙漠的一个游牧部落，即诺巴塔人在尼罗河谷定居。此外，戴克里先答应每年补贴诺巴塔人。与此同时，为了防止布莱梅耶人袭击罗马帝国的边境，罗马帝国政府不得不"贿赂"布莱梅耶人。上述措施改善了罗马

图95●多米蒂乌斯·多米提亚的钱币，目前收藏在大英博物馆

帝国新的边境地区的防御状况。

公元295年，亚历山大爆发的叛乱几乎没有对上埃及地区造成影响。一位叫多米蒂乌斯·多米提亚的罗马军官——被埃及人称为"阿喀琉斯"，反抗戴克里先并发动叛乱。埃及人拥立多米提亚为皇帝。为了镇压叛乱，戴克里先亲自来到埃及。公元297年，戴克里先率军围困亚历山大长达八个月，最终攻陷亚历山大。在以后的洗劫中，亚历山大很大一部分建筑被摧毁。

公元296年，戴克里先在埃及推行货币和经济改革时，多米提亚正准备发动叛乱。这场叛乱的本质是一位罗马军官想要夺取皇权，而不是百姓起义反抗罗马帝国的统治，因为多米提亚认为戴克里先的改革措施是可取的，并且铸造了新钱币。整个埃及行省被彻底重整后，亚历山大的面积缩小了。

亚历山大不再繁荣，特别是在埃米利安努斯和多米提亚统治时期亚历山大被围困时。公元302年，戴克里先下令将埃及进贡给罗马帝国的一部分粮食用于救济亚历山大居民。为了感谢仁慈的皇帝戴克里先——实际上戴克里先没有理由爱埃及的臣民，亚历山大居民为他竖立了一根柱子，命名为"庞培柱"[1]。直到今天，庞培柱仍然矗立在亚历山大。

戴克里先统治后期，由于迫害当时占埃及总人口特别是下埃及人口大部分的基督教徒，埃及发生了严重骚乱。为了避免像公元2世纪发生的谋杀罗马皇帝这样的事件发生，罗马帝国政府希望埃及人在宗教信仰方面崇拜罗马皇帝，向罗马皇帝献祭，并且将罗马皇帝看作地球上的神。然而，罗马帝国政府的这一要求遭到基督教徒的抵制，并且在埃及引发了严重的斗争。因为根据埃及传统，政府对民众下的命令必须立刻执行，并且戴克里先能像卡利古拉那样被埃及人奉若神明。但埃及基督教徒的狂热信仰并没有轻易消失。为了使埃及人崇拜罗马皇帝，罗马帝国的官员采取了一系列措施，但遭到猛烈抵制。通常，抵制的形式是愚蠢的肆意挑衅。人们很难以任何方式准确确定在埃及因宗教原因而遭到处决的人数，但可以肯定，遭到处决的人很多，并且来自埃及社会的各阶层。

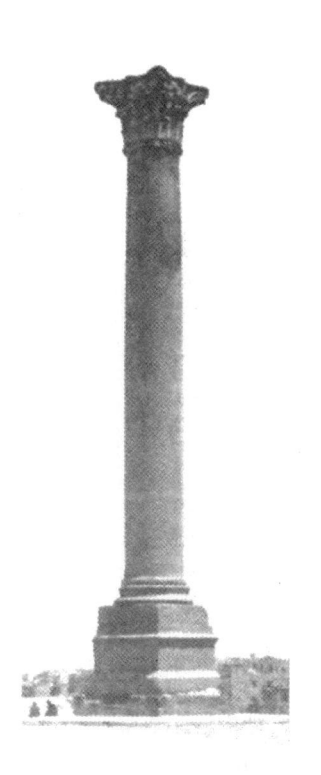

图96 ● 纪念戴克里先的柱子，位于亚历山大

●伽列里乌斯统治时期（公元305年到311年）
●马克森提乌斯统治时期（公元305年到313年）

人们发现了马克森提乌斯统治时期的铭文和莎草纸。

在伽列里乌斯和马克森提乌斯统治时期，基督教徒继续遭到迫害。基督教徒特别憎恨马克森提乌斯。公元313年，马克森提乌斯被对手李锡尼打败后，打算率军撤退到埃及，并且在埃及集结一支新的军队。不过，埃及的资源恐怕不能使马克森提乌斯的军队抵御李锡尼的部队。为了捍卫自己在东方的权益，马克森提乌斯必须支持李锡尼，但埃及只提供了八十艘战船。然而，李锡尼需要三百五十艘战船。

图97 ●大门形状的罗马灯具，皮特里收藏

●君士坦丁大帝统治时期（公元313年到337年）
●李锡尼统治时期（公元313年到323年）

人们发现了这一时期的铭文和莎草纸。

君士坦丁大帝单独统治后，基督教得到承认。公元323年，埃及基督教徒刚从政府的迫害中解脱，就遇到宗派纷争的

新麻烦。阿塔那修和阿利乌关于圣父和圣子的争论[2]，不仅在神学方面具有重要意义，也产生了政治后果，并且深刻影响了埃及历史。人们要求君士坦丁大帝决定争论的胜负。与阿利乌一样，亚历山大牧首亚历山大一世向君士坦丁大帝提起上诉。在上诉信中，他拒绝发表意见，并且试图安抚阿塔那修一方。因此，他的上诉没有产生任何效果。公元325年，亚历山大一世在尼西亚召集了一个牧首委员会制定教义。他们决定将阿利乌逐出教会，并放逐阿利乌。但当阿利乌提出书面解释时，君士坦丁大帝撤销了流放令，并且指示当时的亚历山大牧首阿塔那修再次接纳阿利乌进入教会。阿塔那修拒绝服从命令。他被传唤到提尔的一个新的牧首委员会面前。最终，公元335年，阿塔那修被罢免牧首之职并遭到放逐。

因此，在埃及的基督教教务面前，君士坦丁大帝身份特殊。在某种程度上，君士坦丁大帝被看作神学争论的仲裁者。然而，只有在裁决中获益的一方才接受君士坦丁大帝的裁决。因此，民事权力成为解决教会事务的常用工具。政教职能混乱的后果自然是，担任牧首一职的人开始将一些文官的权力收入自己手中。有人控告阿塔那修，说他为了满足教会的需要，企图征收细麻布衣税。埃及人认为阿塔那修的行为侵犯了君士坦丁大帝作为罗马皇帝独有的权力。实际上，为了支付崇拜埃及神的费用，以前埃及的统治者，无论是埃及本地人、希腊人还是罗马人，都要求埃及人交税。阿塔那修可能认为自己有权以类似的方式为基督教寻求资助。但他未经授权就私下采取行动，难免让人认为他企图推翻君士坦丁大帝的统治。

君士坦丁大帝和亚历山大居民的关系一直很紧张。亚历山大居民曾支持君士坦丁大帝的对手马克森提乌斯和李锡尼。另外，亚历山大居民发起的臭名昭著的叛乱，很可能使君士坦丁大帝做出建立拜占庭的决定，并且使拜占庭取代亚历山大，成为希腊东部的主要城市。君士坦丁大帝的这一决定使亚历山大的地位下降，但没有改善拜占庭人对君士坦丁大帝的态度。在阿塔那修的帮助下，一个叫菲鲁米努的人企图在埃及发动叛乱，但在事态恶化前，菲鲁米努的计划被识破并被粉碎。

●君士坦提乌斯二世统治时期（公元337年到361年）

人们发现了君士坦提乌斯二世统治时期的莎草纸。

君士坦丁大帝驾崩后，埃及交到了他软弱的儿子君士坦提乌斯二世[3]手中。此时，埃及政府民事和宗教职能的混乱导致了更严重的后果。阿塔那修回到亚历山大，并且得到罗马帝国另两位皇帝君士坦丁二世和君士坦斯的支持。他们使阿塔那修免受君士坦提乌斯二世的任何打扰。当时，三位皇帝中只有君士坦提乌斯二世支持阿利乌主张的教义。君士坦丁二世驾崩后，君士坦提乌斯二世能大胆地对付阿塔那修了。公元340年，君士坦提乌斯二世罢免了阿塔那修，并且让卡帕多西亚的贵格利在安提阿举行的牧首会议中当选为亚历山大牧首。然而，直到武装护卫队被派去护送卡帕多西亚的贵格利，卡帕多西亚的贵格利才冒险进入亚历山大。为了阻止卡帕多西亚的贵格利进入亚历山大教堂，阿塔那修的支持者占领了亚历山大教堂，直到禁卫军统领西里阿努威胁进攻亚历山大教堂。随即，阿塔那修的支持者离开亚历山大教堂，到罗马避难。在罗马，阿塔那修得到君士坦斯和罗马教皇尤利乌斯一世的支持。在君士坦丁堡，君士坦提乌斯二世和阿塔那修举行会议后，缔结了协议。根据协议，君士坦提乌斯二世承诺将阿塔那修神学方面的对手卡帕多西亚的贵格利赶出埃及。因此，阿塔那修再次回到亚历山大担任亚历山大牧首。在他离开埃及期间，他的支持者不断制造骚乱，甚至成功地将阿利乌派赶出修道院，并且焚烧了阿利乌的支持者占据的大都会教堂。

君士坦提乌斯二世害怕与君士坦斯发生内战。这是促使君士坦提乌斯二世寻求与君士坦斯和解的主要原因。这一点可从君士坦斯驾崩后，君士坦提乌斯二世立即要求阿塔那修离开埃及看出。阿塔那修对这个要求置之不理。一年多以后，君士坦提乌斯二世才敢采取进一步行动驱逐阿塔那修离开埃及。最后，西里阿努威胁要用武力驱逐阿塔那修，并且在教堂内攻击阿塔那修。然而，阿塔那修从大屠杀中逃了出来，并且投靠了他的朋友们。阿塔那修的朋友将阿塔那修藏了起来，不让君士坦提乌斯二世的使者发现。然而，君士坦提乌斯二世的使者奉命，无论阿塔那修是生是死，都要将阿塔那修找到。与此同时，阿利乌的支持者选举卡帕多西亚的乔治为牧首。卡帕多西亚的乔治当上牧首后，就对自己的反对者采取有力措施，并且依靠政府的援助对抗所有持异议者。

●尤里安统治时期（公元361年到363年）

人们发现了尤里安统治时期的莎草纸。

尤里安登基后，亚历山大的宗教冲突出现了新的变化。前两任皇帝君士坦丁大帝和君士坦提乌斯二世统治时期，阿塔那修的支持者和阿利乌的支持者虽然存在争执，但至少双方有一个共同点，即摧毁所有神殿和其他神的纪念碑或将其改建成教堂并为基督教服务。阿塔那修的支持者和阿利乌的支持者不必担心自己的做法引发政府的不满。但此时，埃及古老宗教的信徒得到尤里安的支持，并且开始报复基督教徒。埃及古老宗教的信徒对驻埃及的军事指挥官阿尔特弥斯和牧首卡帕多西亚的乔治正式提起控诉。尤里安虽然拒绝前往君士坦丁堡聆听基督教代表的抱怨，但他将阿尔特弥斯叫到跟前，判处阿尔特弥斯死刑，因为阿尔特弥斯滥用权力。阿尔特弥斯遭到处决的消息一传到亚历山大，当地的人们就聚集起来攻击卡帕多西亚的乔治。亚历山大居民一直对卡帕多西亚的乔治怀恨在心，因为他向已故皇帝君士坦提乌斯二世提议，不但对亚历山大居民征收特别房产税，还要摧毁亚历山大居民的神殿。亚历山大居民在街上杀死了卡帕多西亚的乔治，还杀死了随行的罗马帝国的司库德拉孔修斯和贵族狄奥多罗斯。

罗马帝国政府默许上述暴行发生，尽管尤里安写信说，如果再发生类似暴行，那么他将惩罚犯罪者。犯罪者很可能是阿塔那修派信徒，也可能是无宗教信仰者，或者对宗教斗争没有任何特殊见解的人。上述三类人准备支持当时最暴力的一派。不管怎样，阿塔那修很快得意地出现在亚历山大。尤里安颁布法令，将他逐出亚历山大，因为他是一个被放逐的人，返回亚历山大并未得到许可。因此，尤里安写信威胁说，如果阿塔那修出现在亚历山大，那么他将处罚埃及行省总督。不过，阿塔那修似乎没有离开亚历山大，而是被其追随者保护在家中。

●约维安统治时期（公元363年到364年）

阿塔那修派终于迎来一位支持自己的罗马皇帝约维安。最终，该派的领袖阿塔那修重见天日，再次担任亚历山大牧首。

●瓦林斯统治时期（公元364年到378年）

这一时期的建造活动包括：在阿提里比斯修建四柱殿（tetrapylon）；在亚历山大修建布鲁基恩（Brucheion）的大门。

阿提里比斯的建筑只在吉萨博物馆保存的铭文中被提及。尼基奥的约翰[4]提到在亚历山大的布鲁基恩郊区修建城门的事。

埃及人与政府的和平状态只维持了一段短暂的时间。瓦伦提尼安一世和瓦林斯划分了各自的统治范围。其中，埃及由瓦林斯统治。由于瓦林斯支持阿利乌派，瓦林斯即位后与大多数埃及基督教徒发生了冲突。君士坦提乌斯二世统治时期，颁布对阿塔那修的驱逐令，禁止阿塔那修进入亚历山大。埃及行省总督一直在执行驱逐令。瓦林斯统治时期，驱逐令因阿塔那修的声望而被撤销。从此，阿塔那修直到去世都担任亚历山大牧首。公元373年，阿塔那修的继任者彼得二世被瓦林斯囚禁。尤里安统治时期由阿利乌派支持者选举的阿利乌派的牧首卢修斯得到罗马帝国军队的支持。卢修斯发动了被正统历史学家描述为"暴力迫害"的事件。然而，在历史学家看来，卢修斯最严重的罪行是协助执行一项新的法律。它彻底废除了修士免服兵役的特权。于是，如果埃及政府要招募士兵，特别是在俄克喜林库斯、法尤姆这样受修士誓言影响的地区[5]，那么当地人同意免除修士特权。但修士坚决抵制强迫他们参军的法令。许多修士宁愿冒死亡的危险反抗罗马帝国军队，也不愿与罗马帝国军队并肩作战。

公元377年，撒拉逊人在女王马维亚的指挥下，从红海越过埃及东部的边界入侵埃及，尽管名义上撒拉逊是罗马帝国的属地。显然，罗马帝国的准备不足，不足以对付撒拉逊军队。因此，罗马帝国政府通过一份条约收买了撒拉逊人。条约中唯一记录下来但可能很不重要的条款是，马维亚的一个女儿卡西达特公主嫁给罗马将军维克托，以及一个撒拉逊人担任埃及的主教。

显然，戴克里先的改革暂时改善了埃及的经济状况，或者至少遏制了埃及财政收入下滑的趋势。这一点可以从戴克里先统治时期没有出现对重税的抱怨，但2世纪时这类抱怨记录频繁出现中看出。不过，相关记录的缺失可能是因为戴克里先统治时期的文件比较少。君士坦丁大帝统治时期，弗鲁门修斯和阿比西尼亚的阿克苏姆人就商业条约展开谈判。这无疑表明埃及恢复了与东方的贸易。几年后，西奥菲勒斯和阿拉伯的荷美利泰也恢复了贸易。当时，埃塞俄比亚和阿拉伯势力控制了埃塞俄比亚与印度的贸易，如同他们在奥古斯都时代所做的一样。罗马商人失去经政府允许拥有的贸易垄断权。但不久，君士坦提乌斯二世和瓦林斯的法令开始显露出罗马帝国贫困状况加剧的迹象。君士坦提乌斯二世颁布法令，禁止实行赞助习俗。根据赞助习俗，埃及各人口聚居区受富有或有影响力的个人保护。保护人可能是官员，他们可以协助社区居民解决与政府之间的任何问题。瓦林斯颁布特别命令，禁止负责征税的库里亚[6]从城镇迁往乡村。如果库里亚为了成为修士逃往沙漠，那么应该将他抓获并带回。罗马帝国财政困难最明显的证据是瓦林斯法令。法令规定不应该通过金钱形式支付贡品。同样，值得注意的是，在埃及发现的从君士坦提乌斯二世统治时期到查士丁尼统治时期的钱币数量比较少。此外，莎草纸表明，小额款项通常以实物形式支付。

【注释】

1　公元297年，为纪念戴克里先的善举，埃及执政官波思吐莫斯在萨拉匹斯神殿的广场中央竖立起石柱。石柱柱脚上的纪念文字至今仍然可见："为战无不胜的亚历山大守护神，公正的戴克里先皇帝，波思吐莫斯立此柱。"这根石柱被称为"庞培柱"纯属误解：公元前48年，罗马大将庞培打败仗后逃到埃及并死于埃及人之手。后来，欧洲十字军侵入埃及时，误认为当年庞培的骨灰保存在这根巨柱的柱顶。于是，欧洲十字军将这根柱称为"庞培柱"。——译者注

2　阿塔那修认为圣子和圣父本质相同、地位平等。阿利乌认为只有圣父才是完全的上帝，圣子虽然像上帝，但不完全是上帝。——译者注

3　君士坦丁大帝驾崩后，罗马帝国被分给他的三个儿子：君士坦丁二世统治高卢、不列颠与西班牙，君士坦提乌斯二世统治罗马帝国东部，君士坦斯统治意大利、阿非利加与伊里利孔。——译者注

4　尼基奥的约翰：《编年史》，伦敦，威廉与诺盖特出版社，1916年，第82页。——原注

5　当地的修士宣誓保护该地区。——译者注

6　库里亚是罗马帝国地方库里亚大会或议事机构的成员。库里亚的一项职责是征收地方财税。——译者注

第 6 章

基督教会至高无上地位的确立

(公元 379 年—527 年)

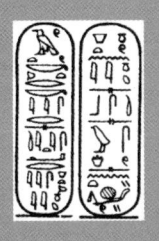

ESTABLISHMENT OF THE SUPREMACY

OF THE CHRISTIAN CHURCH

(379--527A.D.)

●狄奥多西一世统治时期 (公元378年到395年)

人们发现了狄奥多西一世统治时期的铭文和莎草纸。

如果有任何逃跑的机会，那么瓦林斯手下的军官用暴力方式集结起来的军队不大可能服务于曾向他们施压的罗马帝国政府。因此，狄奥多西一世统治期间，部分埃及部队被征召到马其顿。在马其顿，士兵们不容易逃走。一些被征召进入罗马帝国军队的哥特人被调到罗马帝国在埃及的驻军中。这是历史上第一次背离历代罗马皇帝奉行的规则，即埃及士兵应该留在埃及服役。

狄奥多西一世登基后，立即命令整个罗马帝国的臣民都要信仰基督教。在亚历山大和下埃及，这项法令得到大力执行，但在上埃及，罗马帝国政府的威信不足以确保当地人遵守信奉基督教的法令。上埃及的官员们对于这项法令不屑一顾。然而，在大多数情况下，这些官员要么是过于谨慎的管理者，要么是过于温顺的基督教徒，如果他们不是异教徒的话。如同狂热的牧首和修士经常宣称的那样——基督教徒试图将基督教强加给一个不愿意信仰基督教的民族：越是这样，基督教领袖的举止和行为就越不能引起任何有文化的人的钦佩。

公元385年，在亚历山大，执政官辛内吉乌斯与罗马帝国军队一起，协助牧首改变当地人的信仰。在萨拉匹斯神殿，罗马军队使用暴力手段改变埃及人的信仰。埃及古老宗教的信众聚集起来保卫萨拉匹斯神殿。人们在街道上展开激烈的战斗。最后，埃及古老宗教的信众被赶到神殿。他们顽强抵抗。经过流血斗争后，他们被军队驱逐。萨拉匹斯神殿和其他大多数神殿都被基督教徒占领，并且被改建成教堂。各哲学流派的领袖被迫离开亚历山大。

●阿卡狄乌斯统治时期（公元395年到408年）

人们发现了阿卡狄乌斯统治时期的莎草纸。

从阿卡狄乌斯统治时期起，埃及史主要由亚历山大牧首书写。特别是接下来的五十年内，除了亚历山大牧首及其追随者的论点，埃及史几乎没有其他记录。此时，亚历山大牧首的权力逐渐增大，越来越多的异教徒被迫改变信仰。埃及教会的大部分成员对神人同形同性论的争论，很好地说明了亚历山大牧

图98 ●红色修道院

首自称的其在政府中享有的权威地位，以及拥有的裁决神学争论的权力。亚历山大牧首狄奥菲鲁斯认为不同意他观点的人都是反抗他权威的叛徒，也是反抗罗马皇帝阿卡狄乌斯权威的叛徒。因此，他带了一批士兵，摧毁反对自己神学观点的人在尼特里奥蒂斯居住的修道院。亚历山大牧首在民事方面拥有至高无上的权力。这预示了中世纪教皇的权力。

●狄奥多西二世统治时期（公元408年到450年）

人们发现了狄奥多西二世统治时期的莎草纸。

如果牧首为了私人目的，动用士兵损害罗马帝国政府的权威，那么罗马帝国的官员会卷入宗教事务。因此，狄奥菲鲁斯死后，人们就选举狄奥菲鲁斯继任者的问题，发生了争执。在埃及的罗马军队统帅阿布达提乌斯支持一位候选人担任牧首，但这并没有帮助这位候选人当选为牧首。

公元415年，新的亚历山大牧首西里尔与犹太人发生冲突。图拉真统治时期，在埃及的犹太人悉数被杀。在过去的三个世纪，亚历山大的犹太居民数量再次增加，并且产生巨大的影响力。犹太人与亚历山大其他民族冲突的起因并不清楚——或许是犹太人和基督教徒之间的仇恨，以及人们掠夺犹太人的欲望。当时，亚历山大的富人大部分是犹太人。无论如何，冲突最终导致亚历山大其他民族掠夺犹太人的财产。犹太人都被赶出自己的家园，他们居住的地区被洗劫一空。

亚历山大的繁荣依赖犹太商人。犹太人被一群修士和流浪汉驱逐并抢劫，政府不能坐视不管。因此，埃及行省总督奥雷斯蒂斯试图干预，但他的军队不足以平息这场骚乱。另外，奥雷斯蒂斯还招致修士的憎恨。他在街上遭到了袭击，并且被一块石头打伤。亚历山大牧首西里尔取得了斗争的胜利。

随后，哲学家希帕蒂娅遇害。原因可能是希帕蒂娅与奥雷斯蒂斯是朋友，招来亚历山大牧首西里尔的敌意。修士们在取得一点成功后，得意扬扬，想将包括总督奥雷斯蒂斯在内的所有异教徒从亚历山大赶走。他们袭击了希帕蒂娅，并且在恺撒神殿杀了她。

由于戴克里先和诺巴塔人的条约将位于罗马在昔兰尼的边界与布莱梅耶人的土地之间的诺巴塔作为一个缓冲地，因此，沙漠中的游牧部落几乎没有在上埃及对埃及发起进攻。诺巴塔人的首领们履行了条约中规定的义务，防止布莱梅耶人入侵埃及，并且统治整个罗马的军事边界地区。但狄奥多西二世统治后期，布莱梅耶人再次出现在埃及的土地上。布莱梅耶人蹂躏大绿洲，打败当地的罗马驻军，并且将当地居民作为俘虏带走。后来，当布莱梅耶人的撤退路线受到邻近的马济斯部落威胁时，布莱梅耶人将在大绿洲抓获的俘虏归还提拜德的长官。他们这样做似乎是为了摆脱看守囚犯工作的烦琐。

●马尔西安统治时期 (公元450年到457年)

布莱梅耶人再次入侵埃及，表明诺巴塔人没能遵守他们在尼罗河流域定居时签订的条约。于是，马克西密努斯将军在公元453年远征诺巴塔，惩罚诺巴塔人，最终大获全胜。他责令，公元453年后的一百年内，布莱梅耶人不得和诺巴塔人交战，释放所有俘虏的罗马军队的士兵，赔偿损失，并且要求他们释放彼此被抓获的人质。最后一项释放人质的规定是以前布莱梅耶人和诺巴塔人从没遵守的。布莱梅耶人和诺巴塔人获准参观菲莱的伊西斯神殿，并且在规定时间借用伊西斯雕像，将雕像带回他们各自的居住地供奉。在战胜诺巴塔人之后签订的条约中，信仰基督教的罗马人马克西密努斯加入上面这样一个奇怪的条件，这表明埃及传统宗教在埃及的对外政策方面仍然发挥着作用。

缔结条约后不久，马克西密努斯去世。布莱梅耶人和诺巴塔人立即无视条约，入侵提拜德。布莱梅耶人和诺巴塔人在这里找到并带回不久前他们交出的人质。但亚历山大总督弗洛鲁斯对布莱梅耶人和诺巴塔人发动进攻，迫使布莱梅耶人和诺巴塔人再次同意签订和平条约。

亚历山大政府和教会的关系更紧张了。亚历山大政府维护罗马皇帝的宗教倾向，教会维护埃及当地人的信仰意愿。为了铲除亚历山大居民的宗教领袖，马尔西安在迦勒底的一次会议上要求驱逐亚历山大牧首狄奥斯科鲁斯一世，并且派圣波德列接任狄奥斯科鲁斯一世的亚历山大牧首一职。这时，亚历山大居民发动起义反对马尔西安提名的圣波德列。护送圣波德列的罗马帝国军队击败了亚历山大的起义者，将亚历山大居民的宗教领袖赶到萨拉匹斯神殿，并且焚烧这座神殿。为了确保新任亚历山大牧首圣波德列的地位，马尔西安派遣两千名士兵来到亚历山大，消灭了亚历山大的叛徒。与此同时，罗马帝国军队还停止举办公众运动会、关闭浴场、取消谷物出口。

● **利奥一世统治时期**（公元457年到474年）

然而，圣波德列的牧首任期很短。因为他是在罗马帝国军队的拥护下当上亚历山大牧首的，所以当罗马帝国军队的指

图99 ● 白色修道院北门

挥官被召到上埃及时,亚历山大居民发动起义,选择了一个叫提摩太二世的修士做亚历山大牧首。埃及行省总督返回亚历山大前,亚历山大居民已经杀死圣波德列。虽然人们的态度明确,但利奥一世还是被主教们劝服,拒绝承认异端教士提摩太二世为亚历山大牧首。利奥一世无视埃及教会选择的亚历山大牧首提摩太二世,支持自己提名的提摩太·萨洛帕乔勒斯。

●利奥二世统治时期（公元474年）
●芝诺统治时期（公元474年到491年）

芝诺在君士坦丁堡登基后发生的叛乱,使巴西利克斯登上皇位。巴西利克斯的宗教观点与埃及教会的观点相同。于是,巴西利克斯在公元475年将芝诺逐出君士坦丁堡。巴西利克斯篡位后立刻将提摩太二世送回亚历山大。直到去世前,他一直担任亚历山大牧首。提摩太二世去世时,芝诺刚刚夺回罗马皇位。因此,提摩太二世免于被芝诺革职。于是,亚历山大居民选举彼得三世出任亚历山大牧首。芝诺与以往的罗马皇帝一样,下令罢免亚历山大居民提名的牧首,并且任命提摩太·萨洛帕乔勒斯担任亚历山大牧首。然而,萨洛帕乔勒斯很快去世了。这时,亚历山大居民选举约翰一世为新的亚历山大牧首。不过,这有一个问题,即约翰一世曾作为埃及教会的代表被派往君士坦丁堡。他向芝诺要求由埃及教会自主决定牧首人选。芝诺答应了他的要求,并且令他发誓,如果亚历山大居民选举他做亚历山大牧首,那么他将拒绝担任亚历山大牧首。由于约翰一世曾宣誓,芝诺认为彼得三世会担任亚历山大牧首,因为对芝诺来说,这一结果比约翰一世担任亚历山大牧首更好,虽然彼得三世和约翰一世都不中芝诺的意。于是,芝诺在公元482年颁布了一项法令,恢复埃及教会的地位,并且依据这项法令,撤销迦勒底会议颁布的忽视埃及人意见的法令。对此,彼得三世表示同意。然而,法令颁布后,彼得三世立即无视这项法令,并且将所有遵守迦勒底法令的修士逐出埃及的修道院。对此,芝诺增援埃及驻军,将亚历山大居民的领袖彼得三世驱逐到君士坦丁堡。

●阿纳斯塔修斯统治时期(公元491到518年)

人们发现了阿纳斯塔修斯统治时期的莎草纸。

阿纳斯塔修斯登上皇位后,亚历山大终于实现了和平。在芝诺剩下的统治时期和阿纳斯塔修斯的整个统治时期,埃及人的宗教纷争平息了。罗马人维持了他们在埃及的统治。这是一件好事,因为一段时间以来,波斯人一直威胁埃及的东部边境,并且入侵了尼罗河三角洲地区。拜占庭帝国军队虽然无法保卫边境防守不严的埃及,但依旧驻守在亚历山大直到波斯入侵者撤退。拜占庭帝国军队逗留亚历山大期间,物资供应不足。

为了分散对埃及虎视眈眈的波斯人的注意力,阿纳斯塔修斯向阿拉伯的荷美利泰派去一名使者,计划从荷美利泰南面进攻邻近的波斯。

●查士丁一世统治时期（公元518年到527年）

查士丁一世派第二名使者前往荷美利泰，并且取得了令人满意的结果。荷美利泰国王承诺入侵波斯，并且确保埃及和印度贸易路线的畅通。然而，他没有遵守承诺。

查士丁一世统治时期，基督教会除了掌握了埃及政府的主要权力，还将埃及的大部分财富集中在自己手中。修建修道院自然占用了大量土地，并且这些土地由修士耕种。《施努迪传》提到，施努迪的修道院能养活从布莱梅耶人处返回的俘虏三个月，相关花费为二十六万五千德拉克马，消耗为八万五千阿塔拜小麦和两百阿塔拜橄榄。这一情况可能是真实的。上文提到，修士宣誓保护自己所在的地区。这意味着当地居民

图100 ●白色修道院南墙

生产的所有作物都要受修道院上级的监管。修道院的影响力很大，其建筑也很坚固。修道院能抵制政府的任何不合理要求，并且确保每名修士都过上舒适安逸的生活。然而，修士以外的人，无论是埃及东部的撒拉逊人、埃及南部的布莱梅耶人，还是埃及西部边境的马济斯人，都深受政府税务人员和游牧部落的侵扰。亚历山大居民遭受的痛苦最强烈。亚历山大牧首西里尔驱逐犹太人的行为严重打击了亚历山大城内的贸易活动。掠夺犹太人房屋的人既没有能力也没有意愿继续经营犹太人的生意。因此，公元436年时，虽然亚历山大人口已大幅减少，但政府为了救济亚历山大居民，仍然有必要增加粮食供应。

第 7 章

世俗力量与宗教力量的联合
（公元 527 年—668 年）

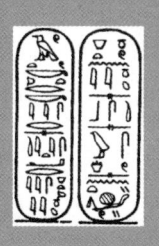

UNION OF TEMPORAL
AND RELIGIOUS POWER
(527--668A.D.)

●查士丁尼一世统治时期（公元527年到565年）

人们发现了查士丁尼一世统治时期的莎草纸。

查士丁尼一世登基后，处理的第一件事是牧首之争。查士丁尼一世试图派自己中意的候选人担任牧首。但来自君士坦丁堡的牧首们虽然有罗马帝国军队的帮助，却始终无法长期保住自己的牧首之位。查士丁尼一世提名的第二位牧首遭到驱逐时，所有其他埃及主教必然会一同遭到驱逐，因为他们都反对一性论[1]。

查士丁尼一世任命的新任亚历山大牧首阿波罗利留还担任了埃及行省的总督。这使教会领袖能命令士兵执行牧首的决定，并且收取管辖区内居民的税。新任牧首阿波罗利留一到亚

图101 ●拜占庭雕塑，发现于阿纳斯

图102 ●拜占庭雕塑，发现于阿纳斯

历山大就屠杀当地人，因为他们拒绝遵从他的命令。甚至当阿波罗利留在教堂内讲话时，亚历山大居民向他投掷石头。实际上，此举清理了埃及内部阿波罗利留的一部分反对者。

实际上，查士丁尼一世任命牧首兼任总督的做法，只不过是将埃及教会的所有世俗事务移交给总督。此后，总督虽然名义上是牧首，但没有任何宗教影响力，并且很可能只履行最低程度的宗教职能。埃及人敬仰由教会选举产生的一性论者或雅各派的牧首。当时，宗教层面的"政府"也掌握在一性论者或雅各派牧首手中。

查士丁尼一世除了将总督和牧首的职务合并，为了军事目的，开始经常利用修士及修道院。长期以来，当沙漠部落侵犯埃及边境、掠夺埃及的财产时，上埃及坚固的修道院一直是其周围居民的避难所。当时，为了保护从叙利亚通往埃及道路上的西奈山下的通道，查士丁尼一世下令修建了一组建筑。这组建筑既用作修道院，又用作堡垒，并且由修士驻守。

拜占庭帝国在与波斯人的斗争中，从阿纳斯塔修斯、查士丁一世与阿拉伯的荷美利泰人缔结的条约中，获得的任何好处很快就被罗马人与红海对岸的阿克苏姆人的争端抵消了。争端缘于印度贸易问题。对于印度的贸易，拜占庭帝国及阿克苏姆都有密切的利益关系。阿克苏姆人指责阿拉伯人杀害罗马商人，并且依此惩罚阿拉伯人。阿克苏姆国王哈达德成功入侵阿拉伯。随后，为了恢复与拜占庭帝国的友好关系，哈达德派使者前往亚历山大。随后，一位埃及主教被派往阿克苏姆。此举加强了拜占庭帝国和阿克苏姆的友好关系。

几年来，拜占庭帝国与印度的贸易顺利开展。对此，查士丁尼一世很满意。于是，他将对手波斯获得的商业利益转移到拜占庭帝国。自从红海航线被荷美利泰人封锁以来，东方丝绸和香料通往欧洲的唯一路线经过波斯。拜占庭帝国的使者们不时需要访问阿拉伯和阿比西尼亚。随后，关于贸易问题的争端导致阿克苏姆国王阿克苏姆的卡莱布决定征服荷美利泰。很快，他的远征取得成功。此时，他提拔自己的一个追随者为荷美利泰国王。但不久，阿克苏姆的卡莱布被废黜，亚伯拉罕成为阿克苏姆国王。在阿克苏姆军队前往攻占荷美利泰时，亚伯拉罕赢得了支持。此后，阿克苏姆人坚决维护和平，拜占庭帝国入侵波斯的计划落空。

图103 ●科普特墓碑，目前收藏在吉萨博物馆，图片由皮特里提供

在埃及南部边境，布莱梅耶人和诺巴塔人遵守了双方在被马克西密努斯和弗洛鲁斯击败后签订的条约。这一点可从自公元453年起埃及南部地区没有任何入侵记录看出。但不管是为了布莱梅耶人和诺巴塔人在条约终止一百年后再次入侵埃及边境地区，还是为了阻止菲莱神殿继续举行异教仪式[2]，查士丁尼一世派珀尔沙门人纳西斯沿尼罗河而上，并且命令纳西斯摧毁菲莱的伊西斯神殿。纳西斯执行了查士丁尼一世的命令。查士丁尼一世将祭司们监禁，并且将神像带回君士坦丁堡。

人们不难从查士丁尼一世统治早期处理亚历山大哲学流派

的过程中，看出他对菲莱神殿采取上述行动的原因。直到查士丁尼一世下令严格执行反对宣讲埃及传统宗教的法律，并且迫使埃及传统宗教宣教士向波斯人寻求庇护，亚历山大一直是埃及传统宗教的一个中心。

●查士丁二世统治时期（公元565年到578年）

人们发现了查士丁二世统治时期的铭文和莎草纸。

很快，查士丁尼一世对布莱梅耶人实施的政策被证明是不明智的。拜占庭帝国政府使用武力并不能使布莱梅耶人保持沉默。菲莱的伊西斯神殿被摧毁，这意味着拜占庭领土上布莱梅耶人敬重的唯一一件圣物已经消失。因此，布莱梅耶人再次入侵埃及。这使提拜德和忒奥多鲁斯驻军的指挥官在公元577年重修了菲莱的防御工事。

●提比略二世统治时期（公元578年到582年）

人们发现了提比略二世统治时期的莎草纸。

然而，埃及仍然需要采取进一步的措施，因为仅靠修道院的防御工事不足以阻挡布莱梅耶人的进攻。提比略二世统治时期，埃及军队的将军阿里斯托马克斯对努比亚人和毛里塔尼亚人发动战争，并且取得了胜利。

埃及迅速陷入无政府状态，官员和百姓都只做自己认为正

图104 ●科普特墓碑，图片由皮特里提供

确的事。位于君士坦丁堡的拜占庭帝国政府只会犹豫不决。阿里斯托马克斯的行为被认为过于专横。因此，阿里斯托马克斯被逮捕并被带到君士坦丁堡。但看在他获得战争胜利的分儿上，他很快得到了赦免。

●莫里斯统治时期（公元582年到602年）

人们发现了莫里斯统治时期的莎草纸。

莫里斯统治时期，埃及的状况更加混乱。某些人"未经所在诺姆长官授权"掠夺了尼罗河三角洲的两个村庄——基诺波利斯和布西里斯。当亚历山大的官员威胁惩罚掠夺者时，这些人聚集在一起，夺取从村中运往亚历山大的粮食。后来，这一行为导致亚历山大发生饥荒。与往常一样，拜占庭帝国政府在处理暴乱时犹豫不决。亚历山大总督约翰被罢免，但他稍做解释就官复原职了。当然，约翰的复职没能遏制埃及发生的暴乱。此时，必须有军队镇压暴乱。阿扎里亚斯在帕诺波利斯领导了另一起抢劫事件，但后果没那么严重。

●福卡斯统治时期（公元602年到610年）

人们发现了福卡斯统治时期的莎草纸。

福卡斯统治时期，后来成为拜占庭帝国皇帝的希拉克略发动的叛乱使反抗福卡斯的运动更激烈。埃及一度成为这场运动的主战场。波纳基斯被派往埃及，为希拉克略的支持者夺取埃及。波纳基斯率军在亚历山大城墙外击败拜占庭帝国的军队，并且受到亚历山大城内神职人员和百姓的热情接待。几乎所有埃及人都支持叛乱者希拉克略，只有两名地方行政官员支持福卡斯。不过，博努斯率领的增援部队很快就从君士坦丁堡赶到埃及。它驻扎在阿提里比斯。在不久后爆发的一场战斗中，波纳基斯被杀，他的残余部队进入亚历山大。

波纳基斯的指挥权被转交给尼基塔斯。尼基塔斯在亚历山大集结了希拉克略的部队，再次出发攻击博努斯的部队。尼基塔斯在这次战斗中取得胜利。但博努斯在尼基奥集结了部队。直到被再次击败，博努斯的部队继续威胁亚历山大。博努斯逃到君士坦丁堡，尼基塔斯成为埃及的主人。

●希拉克略统治时期（公元610年到641年）

人们发现了希拉克略统治时期的莎草纸。

整个公元6世纪，波斯人对拜占庭帝国东部边境不断施压。希拉克略被拥立为拜占庭皇帝时，波斯军队对埃及的侵扰更严重了。随着波斯军队的入侵，无数来自叙利亚和巴勒斯坦的逃亡者来到埃及避难。波斯军队入侵尼罗河三角洲时，难民被赶进亚历山大。于是，亚历山大挤满了完全依靠慈善救济而维持生存的人。公元616年，由于谷物收成欠佳，亚历山大牧首"仁慈者"约翰感到难以养活难民，他和拜占庭帝国将军尼基塔斯逃到塞浦路斯，将埃及行省留给了波斯人。

波斯人十分自然地继承了"仁慈者"约翰留下的亚历山大。波斯军队的士兵大部分来自叙利亚和阿拉伯。叙利亚和阿

图 105 ●科普特陶器残块上的一些图案，皮特里收藏

拉伯的部落自古以来就与埃及本地居民保持联系。因此，波斯人在统治埃及方面，没遇到太大困难。埃及的富裕阶层中可能有许多阿拉伯人。阿拉伯人欢迎自己民族的成员做埃及的统治者。但埃及下层的人们只感觉换了主人。另外，他们可能更喜欢由一个东方人，而不是由一位希腊君主统治的政府。

公元616年到公元626年，波斯人连续统治埃及十一年。直到在穆罕默德的领导下，阿拉伯人奋起反抗。阿拉伯人杀死波斯军队最具战斗力的士兵，并且使拜占庭帝国获得了收复其东部失去的一些省份的机会。希拉克略穿过叙利亚进入埃及，赶走了波斯人。亚历山大牧首本杰明一世也一同被赶走。拜占庭帝国任命的总督兼牧首"仁慈者"约翰逃亡后，本杰明一世由波斯人推举为亚历山大牧首。因此，在罗马人眼中，本杰明一世并不是埃及人选举的亚历山大牧首，而是波斯人统治下的一个叛徒。

然而，拜占庭帝国对埃及的和平统治没有维持很长时间，虽然埃及人对新一轮统治者的更迭，没有发动任何起义。阿拉伯人发动起义反抗波斯的统治，并且使希拉克略收复了埃及。很快，阿拉伯人向拜占庭帝国的边界挺进，并且威胁埃及。有一段时间，阿拉伯人被拜占庭帝国政府收买了，但当阿拉伯人收不到钱时，公元639年12月，阿姆本埃·伊本·斯埃-萨米将军率领一支三千人的阿拉伯部队入侵埃及。经过一个月的围攻，他的部队攻占了贝鲁西亚的边境要塞。随后，斯埃-萨米率军向巴比伦进发。当时，埃及行省总督狄奥多罗

图106 ●科普特的彩色陶器，皮特里收藏

斯正在巴比伦集结罗马军队，并且为了保护庄稼播种，打算在洪水过后攻击阿拉伯人。但斯埃-萨米从阿拉伯得到大批增援，并且在赫利俄波利斯包围并击败了拜占庭帝国的军队。随后，公元640年7月，斯埃-萨米下令封锁巴比伦的要塞，攻占法尤姆和埃及中部。拜占庭帝国在法尤姆和埃及中部的驻军向尼罗河下游撤退。

拜占庭帝国的军队没能很好地抵抗入侵者，这主要是因为拜占庭帝国军队内部领导层的分歧，以及科普特人的冷漠或背叛。实际上，一些重要的科普特人已经投靠阿拉伯人。其中最著名的是乔治。乔治是埃及一个诺姆的长官。赫利俄波利斯战役后，他公开帮助阿拉伯人。

在接下来的秋季，斯埃-萨米率军往北向尼罗河三角洲进发，并且将拦在他前面的所有拜占庭帝国军队都赶到尼罗河三角洲。然而，由于无法穿过尼罗河三角洲，他的进攻计划暂时停止了。

●君士坦丁三世统治时期（公元641年）

希拉克略驾崩后，拜占庭帝国的官员决定对埃及采取观望政策。为了使斯埃-萨米不采取行动，他们命令狄奥多罗斯向斯埃-萨米纳贡。与此同时，狄奥多罗斯留意任何攻击斯埃-萨米军队的机会。拜占庭帝国政府承诺增援埃及军队，但这个承诺久久没有兑现。公元641年4月9日，斯埃-萨米率军占领巴比伦。几星期后，他率军占领尼基奥。驻守巴比伦和尼基奥的拜占庭帝国军队都撤到了亚历山大。

●赫拉克洛纳斯统治时期（公元641年到642年）

当时，亚历山大经常被围困，所以根本无法抵挡任何一次进攻。埃及行省总督狄奥多罗斯已经被召唤到罗得岛。两位留在亚历山大的指挥官多门提纳斯和梅纳斯争吵不休，直到他们爆发冲突。此外，埃及的神职人员反对新皇帝赫拉克洛纳斯，理由是赫拉克洛纳斯父母的婚姻不合教规，因为赫拉克洛纳斯的父亲是希拉克略，母亲是马丁娜，马丁娜是希拉克略的侄女。最终，狄奥多罗斯回到亚历山大，驱逐了多门提纳斯，平息了冲突。与此同时，公元641年10月17日，牧首赛勒斯带着促成和平的使命来到亚历山大。罗马人和埃及人都渴望和平。于是，赛勒斯前往巴比伦，并且与斯埃-萨米达成协议。赛勒斯同意让亚历山大居民向斯埃-萨米纳贡。另外，拜占庭帝国军队应该在十一个月内撤离亚历山大。其间，拜占庭帝国与斯埃-萨米停止敌对行动。此后，犹太人和基督教徒应该不被骚扰。

●君士坦斯二世统治时期（公元642年到668年）

根据协议，在规定时间内，狄奥多罗斯及其军队在公元642年9月17日撤出了亚历山大，拜占庭帝国对埃及的统治随之结束了。

对于罗马统治埃及最后一个世纪埃及的总体状况，我们没有详细的资料。不过，通过阅读历史著作中对当时埃及状况的描述，我们得知，当时埃及陷入极端贫困。土地耕种者被认为只是播种谷物的机器。种植谷物几乎成为埃及唯一的产业，谷物也成为埃及唯一的货币。另外，埃及的财富集中在少数人手中，甚至所有村庄都依赖某位富人。贫穷的埃及人对于政府的更迭漠不关心，并且完全没有意愿决定政府或教会中的统治者或管理人。埃及人死气沉沉，甚至宗教争论也不能使他们产生兴趣。只有在亚历山大的竞技场中，不同派系不时挑起的争斗才能将他们的注意力从反抗阿拉伯人的艰巨任务转移到更简单的相互厮杀上面。

【注释】

1　基督一性论是基督教神学基督论学说之一。这种学说主张基督的人性完全融入其神性,基督只有一个本性。另外,基督一性论是反对正统派主张的基督神人二性虽然互相联合,但仍然互不混淆并存的学说。——译者注
2　该条约授权诺巴塔人每年访问菲莱神圣岛进行宗教崇拜活动。——原注

第 8 章

埃及的收入和税制

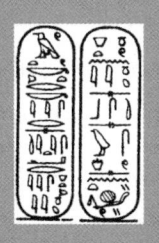

THE REVENUES AND
TAXATION OF EGYPT

罗马皇帝特别关心埃及每年向罗马帝国国库贡奉的金额。罗马皇帝不仅决定向埃及征收的税额，还就收税方式发出特别指示。罗马皇帝直接向埃及行省总督下达命令，埃及行省总督将罗马皇帝的命令依次传给大将军、将军和村镇官员。在分摊税款方面，上述官员有权决定下辖村镇分别承担多大比例的税。因此，埃及行省总督决定每位大将军应该征收的税款，大将军决定每个诺姆应该上交的税款，将军决定诺姆下辖每个村镇应该上交的税款，村镇官员决定百姓应该上交的税款并负责收税。

在埃及征收的所有种类的税中，最重要的是谷物税。谷物税是从村庄征收的实物税，并且作为贡品交给罗马。为了征收谷物税，村镇官员会详细登记耕地的情况，并且根据耕地状况评估每位农民应该缴纳的税。村镇官员在确定税额时，要特别注意尼罗河水的涨落情况。这样一来，他们能根据每块耕地水源的情况征收相应的税。我们不确定最终决定上交税额的确切方式，但作为一个整体，似乎每个村庄都有责任支付一定金额的税。首先，这种税应该与该村拥有的共同财产的总额一致，超出税额的部分由村民分摊。分摊税款的比例很可能根据每位村民持有的土地面积和作物产量计算。在一份显然是描述谷物税的文件上，谷物税的税率从每阿罗拉[1]二又二分之一阿塔拜到七阿塔拜不等，最常见的谷物税税率是四又四十分之二十七阿塔拜。将军及其助手负责实际收税工作。将军的助手还负责管理公共粮仓，将军要求助手每月报告粮仓中存粮的数量。村庄应该缴纳的税被称为"姆博勒"或"贝博勒"。这笔税应该从公共粮仓中征收，征收到的谷物由运货人运送到河岸。另外，运送谷物的人还要管理用于公共服务的一定数量的骆驼或驴。作为回报，他们能得到定期补贴。随后，谷物被送到河上的船主处。船主们将谷物运到亚历山大的皇家粮仓。所有费用，包括运送到亚历山大的费用，都由上交谷物的村庄支付。亚历山大和莫莱蒂免缴谷物税。

在某些情况下，谷物税用金钱而不是实物支付，用金钱支付的谷物税由普拉托而不是由将军收取。农民可能可以选择用金钱或实物交税。

与姆博勒一样，阿诺娜是实物税，由将军收取。对阿诺娜的详细情况的记录很少。阿诺娜收取的谷物[2]很可能运往亚历山大，姆博勒收取的谷物也运往罗马和君士坦丁堡。

提到谷物税，不得不提乡村政府每年按照农民耕地面积和谷物产量向当地农民提供谷物种子。这是乡村政府的惯常做法。谷物成熟后，用作种子的谷物归还谷仓。其他一些谷物将作为利息，并且依据谷物数量收取一些费用。借用谷物种子的利息归村里的公共粮仓所有，以便满足罗马和其他地方的谷物需求。

斯托洛格还要从村内的粮仓收取一些谷物作为慈善事业的支出，但不确定这项支出是通过什么税收取的，也不确定这项支出是否来自该村的共同财产。

除了从种植谷物的农民处收取谷物，种植园艺产品或作为葡萄园、无花果种植园、棕榈园或橄榄园的土地都要缴纳一笔税。这笔税由负责征收货币税的普拉托征收。然而，我们无法确定这种税的税率，其评估方式也各不相同。在一处文献中，这种税的税额为每阿罗拉十德拉克马，但在另一处文献中，这种税的税额为每阿罗拉二十德拉克马到四十德拉克马不等。甚至在一处文献中，农民上交的税与其拥有土地的面积完全不成比例。与征收谷物税一样，征收这种税时，空置或荒废的土地免税。

另外，埃及还有其他以金钱方式缴纳的土地税，但目前我们对土地税的性质和需要缴纳的金额尚不清楚。我们曾多次提到"诺比安"，但我们目前只知道诺比安包括在对不动产征收的税内，没有任何证据表明诺比安的用途是什么、金额是多少。不过，在一处文献中，诺比安的估价大约为每阿罗拉一百德拉克马。这份文献还提到"吉奥美利亚"收入。但对吉奥美利亚的详情，我们仍然不能确定。吉奥美利亚可能是支付给为政府获得每项房产信息的调查员的酬劳。

房产也要征税。房产税由负责收取土地税的普拉托收取。房产税和土地税都以金钱形式缴纳。根据保留下来的三张缴纳房产税的收据，房产税的税额可能是一百德拉克马，或者是一百德拉克马的倍数。但在没有其他证据的情况下，我们可以合理假定每所房子的税是一百德拉克马。另一种税只对房产征收，被称为"阿里斯美提克"，并且通常由普拉托征收。阿里斯美提克的税额比房产税的税额小许多，但文献中没有提供评估阿里斯美提克税额的方式。

埃及行省政府对牛羊分别征收家畜税。人们发现了缴纳牛、羊、骆驼税的收据。因此，山羊和驴肯定也是征税对象。不过，人们还没发现对山羊和驴缴纳家畜税的凭证。根据现有材料，我们只能推测对骆驼征收的家畜税税率。根据缴税收据，骆驼税的税额几乎总是十德拉克马的倍数。这意味着每头骆驼的税额为十德拉克马。然而，一张收据显示对十头骆驼征收二十德拉克马的税额。不过，这可能是分期付款中的一笔款。为了准确征收家畜税，地方官员需要每年普查他们负责的区域的各种家畜。普拉托负责征收家畜税。

除了某些特权阶层的成员，埃及十四岁到六十岁的所有居民都有义务缴纳人头税。陶片上有许多缴纳人头税的记录。其中，最早的记录可以追溯到公元1世纪和2世纪。税收记录表明，人头税的税额从尼禄统治时期的每人十六德拉克马增加到图拉真统治的第一年（公元98年）的十七德拉克马，并且在安东尼·庇护登基后不久，人头税税额增加到二十德拉克马。人头税税额的增长可能与货币贬值有关。实际上，其增长率与货币贬值的速度大致相同。为了准确征收人头税，埃及每隔十四年开展一次人口普查。普查的结果将报告给各诺姆的将军和皇室书吏、洛格拉斐[3]和乡村书吏。普查报告详细说明每所房子中的居住者的情况。临时报告中还要说明两次人口普查期间当地居民家庭人数的任何变化。亚历山大居民免征人头税，居住在埃及的罗马人肯定也免征人头税。免征人头税的还有希腊士兵的后裔卡托伊人。托勒密王朝时期，希腊士兵前往埃及定居，并且有义务服兵役。另外，每座神殿似乎有一定数量的祭司被允许免缴人头税。

另一种直接税是史蒂芬尼康。大约在公元3世纪初，史蒂芬尼康才开始征收。理论上，它可能是一种兴起的古老习俗，即平民在罗马皇帝登基时向皇帝赠送礼物。然而，这一习俗延伸为一种反复出现的"善行"。史蒂芬尼康由专门的普拉托征收，税额大约是四德拉克马。

所有类别的商户都需缴税。每位商户应上交的税额均以每月营业额的收据计算。因此，这是一种所得税，但我们无法确定其税率，虽然在陶片和莎草纸上都有许多这种税的缴纳记录。

间接税主要以关税和进口税的形式征收。征税对象不仅包括进入埃及的商人或其他人，也包括从一个诺姆到另一个诺姆的旅行者。因此，除了在昔兰尼的海关驿站，人们可以发现尼罗河贸易商的纳税记录。从始于科普托斯，经过沙漠，通往红海的路上，在接收从撒哈拉运来货物的法尤姆，以及在距离亚历山大二百四十斯塔德[4]的克诺珀斯的驿站，人们都可以发现征收船只过路费的记录。在埃尔穆波利斯，人们还发现上埃及与下埃及相互征收贸易税的情况。人们在科普托斯发现了一块石碑。这块石碑显示了对旅客和马车征税的税额：来自红海的舵手，每人十德拉克马；水手长，每人十德拉克马；水手，每人五德拉克马；造船工人，每人五德拉克马；工匠，每人八德拉克马；妓女，每人一百八十德拉克马；进入埃及的女士，每人

图107 ●刻有关税内容的科普托斯石碑,目前收藏在吉萨博物馆

二十德拉克马;进入埃及的骆驼,每匹一欧宝;商队中做丈夫的,每人一德拉克马,他们的妻子,每人四德拉克马;驴,每头二欧宝;一辆运货马车,四德拉克马;船的一条桅杆,二十德拉克马;一座船坞,四德拉克马;去沙漠参加葬礼和返程,一德拉克马四欧宝。在与尼特里奥蒂斯和法尤姆的沙漠毗邻的普罗索帕和勒托波利特诺姆,人们发现了骆驼进入诺姆缴税金额的记录。在法尤姆的索克诺帕奥内索斯、卡拉尼斯、费拉德菲尔和巴齐亚斯的边境站点收取的进出口货物税是货物价格的百分之三。除了红海沿岸港口对来自阿拉伯的货物征收优惠税,或

许我们可以认为其他海关站点收取的货物税税率相同。除了关税，经过法尤姆的商人和旅客还需要缴纳一笔用于支付沙漠道路沿线警卫薪酬的税。征收这些税的工作被包给了农民。

另一项外包给农民征收的间接税是恩凯里昂，这项税对销售产品征收百分之十，对遗产继承征收百分之五，对转让奴隶征收百分之五。另外，法律文件登记需要征收百分之十六的税。此外，如果遇到没有履行契约的情况，那么违约者需要缴纳罚款，充盈国库。

官员拥有派驻权。这增加了埃及居民的税负。虽然埃及行省总督的法令明确限制官员的派驻权，但官员们通常得到上级官员准许，向途经自己辖地的其他官员收费。这笔费用很可观。高级官员雇用下人是传统做法，因为根据记载，某位居民被赋予职责，在提拜德总督的船上做桨手。这种做法可能源自奴隶劳动。俄克喜林库斯也有类似现象发生：在运输谷物的公务船上，每个部落必须依次派一名水手工作。给埃及人造成的最大困扰是埃及本地行政官员的命令，如将军或普拉托的命令。虽然在罗马帝国统治早期，埃及的经济更繁荣，但一份官方法令指出许多将军的任期被随意延长。虽然征税工作仍然由普拉托承担，但被提名担任普拉托的人每年付给其副手二百五十二德拉克马负责征税工作，二百五十二德拉克马大约等于普拉托六个月的工资。在这种情况下，许多人离家出走逃避承担征税工作，因为他们可能会觉得，自己的所有财产既然毫无疑问都会被没收，还不如直接放弃自己的所有财产，免得每天担惊受怕。亚历山大居民和罗马人都免服劳役。祭司和退伍五年内的军人也免服劳役。

修建堤坝和清理运河多少有点像服劳役，因为这些工作都是强制性的，虽然实际上服劳役者是为一个共同目的劳动。每年夏天，每位土地耕种者都必须为参加修建堤坝和清理运河留出五天时间。工作完成后，服劳役者还将获得一张证书。土地耕种者也可以选择支付一位工人五天的报酬免于参加义务劳动。2世纪，五天的报酬大约为六德拉克马四欧宝。

罗马统治后期，埃及人被要求向罗马军队提供补给。这种状况最早发生在戴克里先统治时期。阿波利诺波利斯-麦格纳为驻扎在一座修道院里的士兵支付了一笔费用。这笔费用由瓦林斯率先规定征收，可能是每三十阿罗拉土地的所有者负责支付一名士兵的服装费。

神殿的财产并不在免税范围内。神殿需要支付普通税。此外，埃及行省政府还以祭坛税和祭品税的名义对神殿征收特别税。祭坛税似乎是按神殿收入的百分之四收取的。埃及行省政府对每头献祭的小牛征收一定费用。这些费用可能是罗马皇帝向众神献祭时的供奉款。还有另一种被称为"莱索尼亚"的税。在古文献中，莱索尼亚与祭坛税、祭品税一同被提到。因此，莱索尼亚税可能是对神殿征收的。祭司们还需要支付一种被称为"埃皮斯塔提康"的特殊的税，但人们没有发现关于这项税税率的明确记录。罗马帝国国库会提供补助金维护神殿。在这方面，罗马皇帝遵循了以前希腊裔法老的做法。

在理论上，整个埃及是罗马皇帝的私有财产。在特殊意义上，埃及的某些土地是罗马皇帝的领地。这些土地包括托勒密王朝的皇家遗产。通过没收国库欠债人和罪犯的财产及无人认领的土地，罗马皇帝的领地大幅增加。然而，后两种类型的土地经常被出售。这些土地由皇家代理人租给耕种者。一份出租告示被保留下来，告示的内容说明了皇家土地征集租户的情况。采石场和矿山也是罗马皇帝的领地，并且通常由罗马帝国政府直接经营。在军警的指导下，劳动者受雇在采石场和矿山参加劳动。

【注释】

1　阿罗拉是古埃及土地测量单位，1阿罗拉等于0.677英亩。——译者注
2　阿诺娜是实物税，征收标的是谷物。——译者注
3　laographoi的音译，指负责进行人口普查的罗马官员。——译者注
4　斯塔德是古希腊、古罗马的长度单位。——译者注

第 9 章

宗教制度

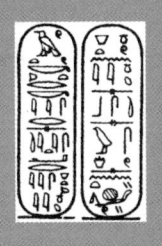

RELIGIOUS INSTITUTIONS

在罗马统治时期，埃及的宗教思想在很大程度上已经受到希腊思想的影响。特别是在民族融合最明显的地区，埃及的宗教思想更明显地受到希腊思想的影响。然而，在不同情况下，埃及宗教思想受希腊思想影响的程度不同：即使在深受希腊思想影响的地区，崇拜一些古老的埃及神的活动也几乎没有受到影响。一些埃及神的名字只是改成希腊神的名字；一些埃及神的属性及崇拜这些神的方式完全按照希腊的方式改变了。除了埃及宗教体系发生变化，希腊的神学思想也发生了变化。这些变化被许多有文化的希腊人记录下来。拜占庭帝国政府也向埃及介绍罗马思想。生活在埃及的犹太人对埃及人的思想几乎没有或根本没有影响，但犹太人的思想没有受到埃及神学思想的影响，尽管后来一些犹太文学作品明显表现出亚历山大哲学的影响。

古埃及的宗教制度受外来思想影响最小的地区自然是埃及的农村地区。埃及农村的土地耕种者从没有接触过希腊文化。希腊裔祭司也不想改变埃及农村土地耕种者的信仰。于是，土地耕种者继续平静劳作，并且按照祖先的方式崇拜埃及的神。在法尤姆发现的莎草纸保留了关于索克诺帕奥斯的祭司职位、财产和宗教崇拜活动的大量记录。阿尔西诺伊诺姆的鳄鱼神索贝克被称为"索克诺帕奥"。由此，我们可以得知阿尔西诺伊诺姆的人们崇拜神的情况。

在索克诺帕奥内索斯，即现在的迪美，建有索克诺帕奥斯[1]的一座神殿。这座神殿内还有伊西斯·尼斐斯的神像。索克诺帕奥斯神殿可能是索克诺帕奥内索斯的农民举行崇拜活动的中

图108 ● 索克诺帕奥内索斯的石碑，目前收藏在吉萨博物馆

心。目前收藏在吉萨博物馆的一块石碑的碑文指出，尼罗波利斯的牧羊人重建了索克诺帕奥斯神殿的外墙。另一篇碑文称索克诺帕奥斯为索克诺帕奥-内索斯诺姆之神，并且要求在索克诺帕奥-内索斯诺姆的适当位置竖立石碑，雕刻关于祭司特权的埃及行省总督法令。祭司被分为五个部分。每部分成员的资格似乎是世袭的。作为每部分的成员，妇女的身份不会因婚姻状况改变。祭司事务由代表五个部分的五位长老全权负责。大多数情况下，祭司和普通农民几乎没有区别。许多祭司是文

盲。他们不是专门为神殿服务的,而是可以自由地从事其他职业。与现代托钵僧[2]一样,祭司隶属于宗教领域类似兄弟会的组织,并且参加节日活动,但像普通人一样通过工作谋生。祭司受到某些限制,如禁止穿羊毛服装、披长发。祭司在童年时期还需要在大祭司的同意下经历神圣的割礼。另外,祭司在一年中的每天都会获得一阿塔拜谷物的津贴。节日期间,祭司每天额外获得四阿塔拜谷物。节日似乎占据了将近半年时间。节日期间,祭司被要求前往神殿服务。政府支付的补助金用于神殿的支出。祭司被允许免服劳役。事实上,埃及行省总督不止一

图109 ● 刻有祭司形象的柱子,现在位于罗马

次下令准许祭司享有免服劳役的特权，但地方官不会一直承认祭司的这项特权。然而，祭司不能免交税。在承担祭司工作之外的其他工作期间，祭司自然要为占用和耕种的土地缴税。但每座神殿都有一定数量的祭司被允许免缴人头税。神殿也必须为其所在地占用的土地缴税，尽管它的建筑物本身占用的土地可能是免税的。

在索克诺帕奥内索斯，神殿内供奉索克诺帕奥斯与索克诺派欧或索科皮亚斯（可能是"索贝克"的其他写法）及内索斯（可能是阿努比斯）。法尤姆的其他地方神有菲尼菲洛和皮索霍斯。人民在卡拉尼斯发现了菲尼菲洛和皮索霍斯的神殿。索卡诺克内斯似乎是巴齐亚斯的地方神。菲诺里斯可能是谢波塔摩斯的地方神，苏卡托摩斯可能是法尤姆的地方神。其中，皮索霍斯和索卡诺克内斯可能是索贝克的地方神形式。索贝克被普遍接受的名字是索乔斯。索乔斯的名字出现在法尤姆的阿尔西诺伊、尼罗波利斯和索克诺帕奥内索斯的遗迹，以及奈加大诺姆的一篇碑文中。

埃及各地的人们崇拜其他地方神一直持续到罗马统治时期，没有任何记录表明，埃及神与希腊神在特征方面相似。埃及的地方神包括：提利菲斯，阿提里比斯神殿的门廊是在提比略统治时期修建的；阿门比斯，在底比斯绿洲乔尼美里斯的阿门比斯神殿是在庇护统治时期重建的，在同一绿洲的凯西斯发现了献给庇护的碑文；托厄里斯，在俄克喜林库斯，直到4世纪初，一直受人们崇拜；曼杜利斯，驻扎在塔米斯的士兵向曼

图110●贝斯的雕塑，发现于坦提拉

杜利斯敬献了许多铭文；在瓦迪-卡达西的铭文中被提到的斯鲁普提西。贝斯的形象出现在可追溯到图拉真统治时期的坦提拉的遗迹上。另外，人们还发现了罗马统治时期贝斯的陶俑。普哈的形象出现在哈德良统治时期的钱币上。不过，铭文中没有提到贝斯和普哈。

然而，当希腊人发现埃及神的属性与希腊神的属性相似时，就将埃及神与希腊神合并，并且统一崇拜相似的神。对埃及的神学思想或希腊的神学思想来说，这种做法并不陌生。从远古时代开始，埃及的神学思想和希腊的神学思想就倾向于崇拜相似的神。此外，统一崇拜神对经济有明显的积极影响。特别对希腊人来说，希腊人在大多数埃及乡村和城镇没有足够人力或财富为希腊神建造或捐赠神殿。因此，希腊人选择在现有神殿中展开祭神的活动。然而，我们必须认识到，神的结合只是在名字层面。例如，潘·赫姆这一名字，"潘"是希腊神，"赫姆"是埃及神。埃及神学思想和希腊神学思想都没有真正吸收对方的神学观念。只有在崇拜索贝克这样的罕见事例中，希腊人由于找不到与鳄鱼神对应的希腊神，才接受埃及人的神学观念。

图 111 ● 哈德良统治时期的钱币，刻有普哈的形象，目前收藏在大英博物馆

将两个民族的神同化最明显的例子是出现在埃及诺姆和城镇的希腊名字。希腊人在征服埃及时，采用了一个很简单的方法重新命名许多古老诺姆的中心城镇。希腊人一同供奉每个城镇中被崇拜的神和与其名字最相似的希腊神，并且把这个城镇视为希腊神的城镇。因此，阿蒙所在的城市底比斯更名为迪奥斯波利斯，荷鲁斯神的起源地提斯-霍尔更名为阿波利诺波利斯。

然而，在罗马统治时期，崇拜有两个名字的同一位神并不常见。普塞齐斯有座赫尔墨斯·鲍特努菲斯神殿。敬献给赫尔墨斯·鲍特努菲斯的铭文要么使用其复合名字"赫尔墨斯·鲍特努菲斯"，要么只用复合名字中的一部分。潘·赫姆在帕诺波利斯及其附近的沙漠地区受人们崇拜。在坦提拉和菲莱，人们建造神殿供奉阿佛洛狄忒和哈索尔。联合供奉最早的神宙斯·阿蒙的形象经常出现在钱币上。人们在菲莱附近的一座采

图 112 ●哈德良统治时期的钱币，刻有宙斯·阿蒙的头像，目前收藏在大英博物馆

石场发现了"宙斯·阿蒙"后增加的第三个名字。宙斯·阿蒙的形象似乎还出现了两个羊首神（ram-headed gods）库努姆和阿蒙的结合。

在亚历山大和托勒迈斯-赫米奥，当地希腊人的财富足以支撑神殿的运作，而无须依赖埃及本地人的捐赠。因此，亚历山大和托勒迈斯-赫米奥的大部分埃及神已经从人们的视野中消失，被崇拜的神是纯粹的希腊神。罗马帝国官员和士兵的到来使希腊神的影响更大了。亚历山大和托勒迈斯-赫米奥的居民主要是托勒密王朝定居者的直系后裔。亚历山大的哲学家认为亚历山大居民可以崇拜任何神。罗马帝国官方的宗教铭文与私人敬献的铭文不同，通常以希腊众神的名义刻写。亚历山大发行钱币的宗教图案主要是希腊风格而不是埃及风格。实际上，诺姆钱币[3]上的图案通常由亚历山大的官员决定，并且具有希腊风格。

宙斯主要以他的复合名被埃及人所知。上文已经提到他的希腊-埃及名"宙斯·阿蒙"。在克诺珀斯，宙斯·赫利俄斯·萨拉匹斯被人们崇拜，并且在哈德良统治时期，蒙斯克劳狄斯建造了宙斯·赫利俄斯·萨拉匹斯的两座神殿。另外，人们发现了一个刻有宙斯·赫利俄斯·萨拉匹斯头像的钱币。人民在托勒迈斯-赫米奥发现了一座献给宙斯·赫利俄斯·索

图113 ● 哈德良统治时期的钱币，刻有宙斯·赫利俄斯·萨拉匹斯的头像，目前收藏在大英博物馆

图114 ● 图拉真统治时期的钱币，刻有宙斯神殿的图案，目前收藏在大英博物馆

特尔的祭坛，并且在科普托斯对面发现了一篇献给宙斯·赫利俄斯的铭文。图拉真统治时期的一枚钱币上刻着一座宙斯神殿。这座神殿可能坐落在亚历山大，里面有一尊宙斯的雕像。在这尊雕像中，宙斯赤裸着，手持雷电。亚历山大铸造的钱币上的宙斯形象比较普遍。但尼禄统治时期的四德拉克马钱币上雕刻的是宙斯·奥林匹斯和宙斯·涅米奥斯的半身像。这

图115 ● 图拉真统治时期的钱币，刻有宙斯的头像，目前收藏在大英博物馆

图116 ● 尼禄统治时期的钱币，刻有赫拉的头像，目前收藏在大英博物馆

图117 ● 克劳狄二世统治时期的钱币，刻有波塞冬的形象，目前收藏在大英博物馆

图118 ● 朱莉娅·多姆娜生活时期的钱币，刻有库柏勒的形象，目前收藏在大英博物馆

些钱币的样式很可能与尼禄计划访问埃及或观看埃及的运动会有关。此外，四德拉克马钱币上没有雕刻其他形象的宙斯。

然而，赫拉几乎没有出现在埃及。在上文提到的拉丁语铭文中，朱诺被认为是朱庇特·阿蒙·奇努比斯。尼禄统治时期的四德拉克马钱币上刻着赫拉·阿尔吉亚的半身像。

唯一显示人们崇拜波塞冬和库柏勒的遗迹是钱币。至于对克罗诺斯的崇拜，吉萨博物馆有一篇献给他的铭文。这篇铭文

图119 ● 尼禄统治时期的钱币，刻有阿波罗的头像，目前收藏在大英博物馆

图120 ● 哈德良统治时期的钱币，刻有赫利俄斯的头像，目前收藏在牛津大学博德利图书馆

图 121 ● 安东尼·庇护统治时期的钱币，刻有阿尔忒弥斯的形象，目前收藏在大英博物馆

图 122 ● 朱莉娅·多姆娜生活时期的钱币，刻有塞勒涅的头像

发现于阿波利诺波利斯-帕尔瓦。

埃及东部沙漠里的翡翠矿附近的森斯基斯有一座神殿，供奉阿波罗、萨拉匹斯和伊西斯。人们在底比斯绿洲的凯西斯发现了一篇献给阿波罗的碑文。目前，另一篇献给阿波罗的碑文收藏在吉萨博物馆，但这篇碑文的发现地不明。人们在奈加大发现了一尊斯芬克斯像。这尊斯芬克斯像上面刻着献给阿波罗和其他神的铭文。阿波罗的形象经常出现在钱币上。庇护统治时期的钱币上刻着阿波罗的形象。尼禄统治时期的钱币上刻着阿波罗·费提欧斯和阿波罗·阿提欧斯的半身像。

与宙斯·赫利俄斯·萨拉匹斯不同，赫利俄斯以纯粹的希腊神形象出现在钱币上，甚至在赫利俄波利斯和大迪奥斯波利斯诺姆的钱币上，赫利俄斯也以纯粹的希腊神形象出现。

阿尔忒弥斯只出现在钱币上，并且以希腊狩猎女神的形象出现。塞勒涅也以希腊神的形象出现在钱币上。

除了宙斯，雅典娜是在钱币上出现最多的希腊神。但人们

图 123 ●加利努斯统治时期的钱币，刻有雅典娜的形象，目前收藏在大英博物馆

图 124 ●安东尼·庇护统治时期的钱币，刻有雅典娜神殿的图案，目前收藏在大英博物馆

至今仍然没有发现献给她的铭文。亚历山大的雅典娜神殿被刻在安东尼·庇护统治时期的钱币上。雅典娜的形象还出现在赛斯和俄克喜林库斯铸造的钱币上。在赛斯铸造的钱币上，雅典娜的形象是一位手持猫头鹰的女神，并且被称为"雅典娜·阿奇盖蒂"，寓意是"雅典是赛斯的殖民地"。在俄克喜林库斯铸造的钱币上，雅典娜手持一把双刃斧。这把双刃斧是埃及风格的斧头。在赛斯、俄克喜林库斯及亚历山大的居民心中，雅典娜取代了埃及女神尼特。值得注意的是，在俄克喜林库斯发现的所有莎草纸中都没有发现雅典娜的信息。

阿瑞斯同样出现在诺姆钱币上。阿瑞斯在上塞本内特的钱币上以典型希腊神的形象出现。

图 125 ●哈德良统治时期的钱币，刻有阿瑞斯的形象，目前收藏在牛津大学博德利图书馆

其他偶尔出现在钱币上的希

图 126 ● 图拉真统治时期的钱币，刻有狄奥尼修斯的形象，目前收藏在大英博物馆

图 127 ● 哈德良统治时期的钱币，刻有潘的形象，目前收藏在大英博物馆

图 128 ● 克劳狄二世统治时期的钱币，刻有赫尔墨斯的形象，目前收藏在大英博物馆

腊神有赫尔墨斯、潘、狄俄尼索斯和阿佛洛狄忒。在埃及本土，赫尔墨斯和潘被人们对应地视为曼杜利斯和赫姆。在上文，这一点已有所提及。随后，我们将讲到结合两位神的名字而形成的赫曼努比斯神。根据在埃及发现的阿佛洛狄忒陶俑的数量，我们可以得知阿佛洛狄忒很受埃及人欢迎。阿佛洛狄忒的一个雕像被列入俄克喜林库斯莎草纸中典当物品的清单。人们发现了一尊安东尼·庇护统治时期阿佛洛狄忒的雕像。在图密善统治时期，位于奈加大的大神殿以南的小神殿显然是献给阿佛洛狄忒的。

作为谷物女神，德墨忒尔在亚历山大备受欢迎。法尤姆莎草纸提到了谢波塔摩斯的德墨忒尔祭司。钱币上经常出现德墨忒尔的形象。在两位皇后麦瑟琳娜和维比娅·萨宾娜的遗迹中，麦瑟琳娜和维比娅·萨宾娜都以德墨忒尔的形象出现。

珀尔塞福涅不如德墨忒尔那样受欢迎。目前，人们只发现一枚图拉真统治时期的钱币上刻有珀尔塞福涅的形象。

图129 ● 安东尼·庇护统治时期的钱币，刻有德墨忒尔的头像，目前收藏在大英博物馆

图130 ● 图拉真统治时期的钱币，刻有"珀尔塞福涅受辱记"故事的场景，目前收藏在大英博物馆

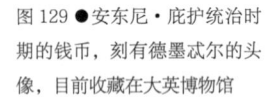

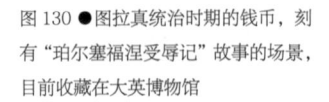

在遗迹中，特里普托勒摩斯出现了好几次。他站在由两条蛇拉动的车里，并且从袋子里撒播种子。

亚历山大保存着献给狄俄斯库洛依兄弟[4]的门廊。我们可以见到亚历山大居民对狄俄斯库洛依兄弟的崇拜。在一枚图拉真统治时期铸造的钱币上，狄俄斯库洛依兄弟站在伊西斯两边。在亚历山大以外地区，狄俄斯库洛依也很有名。索克诺帕

图131 ● 哈德良统治时期的钱币，刻有特里普托勒摩斯的形象，目前收藏在大英博物馆

图132 ● 图拉真统治时期的钱币，刻有狄俄斯库洛依的形象，目前收藏在大英博物馆

奥内索斯有一块献给狄俄斯库洛依兄弟的石碑。在法尤姆发现的莎草纸中有一段以狄俄斯库洛依兄弟的名义立下的誓言。

在埃及，赫拉克勒斯和哈尔波克特拉斯被一同供奉。哈尔波克特拉斯是亚历山大的一位地方神。赫拉克勒斯和哈尔波克特拉斯合为荷鲁斯。因此，赫拉克勒斯没有出现在埃及的希腊神名单中。这表明，在埃及，本地神的影响力高于域外神。除了一个例外，在图拉真统治时期，直到马克西密努斯统治时期，赫拉克勒斯的形象才被刻在亚历山大铸造的钱币上。这可能是由于罗马皇帝图拉真特别喜爱赫拉克勒斯。

图133 ● 图拉真统治时期的钱币，刻有赫拉克勒斯的形象，目前收藏在牛津大学博德利图书馆

阿斯克勒庇俄斯和许革亚是亚历山大很重要的神。一篇被保留下来的铭文，记录了图拉真统治时期，在托勒迈斯-赫米奥，阿斯克勒庇俄斯和许革亚的神殿得到修复。阿斯克勒庇俄斯和许革亚的形象经常出现在钱币上。

在希腊神学体系和埃及神学体系融合发展的过程中，三位独特的亚历山大神萨拉匹斯、伊西斯和哈尔波克特拉斯体现了希腊神学体系和埃及神学体系的融合。三位神被认为是希腊城市的创建者，但他们最初来自埃及。实际上，三位神中的萨拉匹斯不为人所知。萨拉匹斯被认为是奥西里斯-阿匹斯的亚历山大神形式。萨拉匹斯的神殿恰好位于亚历山大。后来，关

图134 ● 亚历山大·塞维鲁统治时期的钱币，刻有阿斯克勒庇俄斯的头像，目前收藏在大英博物馆

图135 ● 亚历山大·塞维鲁统治时期的钱币，刻有许革亚的头像，目前收藏在大英博物馆

于萨拉匹斯的传说蒙上了希腊神话色彩。随后，人们建立了一个新的神的概念。这位神既来自希腊，又来自埃及，并且其声望很快超过其他神。无论算作埃及本地神还是域外神，这位神的声望甚至传到了罗马。新神没有阿匹斯的属性。但由于与奥西里斯一样和下界的关系密切，这位神被认为是希腊神话中的冥王哈德斯。托勒密一世或托勒密二世统治时期，一尊哈德斯雕像被布里亚西斯引入埃及并被认为是萨拉匹斯的雕像。这尊雕像被放在亚历山大的萨拉匹斯神殿内。萨拉匹斯的形象也被刻在亚历山大铸造的钱币

图136 ● 哈德良统治时期的钱币，刻有萨拉匹斯的头像，目前收藏在牛津大学博德利图书馆

上。作为埃及行省政府所在地主神的神殿，在某种程度上，亚历山大的萨拉皮昂神殿成为特殊的官方神殿。萨拉皮昂神殿成为亚历山大的公共图书馆。萨拉皮昂神殿旁边是一座叫哈德昂

图137 ●萨拉匹斯的头部雕刻，皮特里收藏

的建筑。显然，哈德昂由哈德良下令建造。另外，哈德昂也被刻在钱币上。哈德昂可能是哈德良下令建造的图书馆。在法令中，总督提图斯·弗莱维厄斯·提阿努斯称哈德昂为新建立的国家档案馆。哈德良统治时期的文献提到一座萨拉匹斯神殿坐落在俄克喜林库斯。在图拉真统治时期，在大绿洲的凯西斯，有一座献给萨拉匹斯和伊西斯的塔。在加里恩努斯统治时期，人们在森斯基斯为萨拉匹斯和伊西斯建造了一座神殿。在法尤姆发现的莎草纸中，人们发现了当地人崇拜萨拉匹斯的许多证据。莎草纸的主要内容为当地人向萨拉匹斯祈愿。在法尤姆，对萨拉匹斯的崇拜甚至超越了对埃及神索克诺帕奥斯和索克诺派欧的崇拜。这一点见于莎草纸的记录中，十人向萨拉匹斯祈祷，只有两人向埃及本地神祈祷。当基督教成为埃及流行

图138 ● 马可·奥勒留时期的钱币，刻有萨拉匹斯神殿的图案，目前收藏在大英博物馆

图139 ● 萨拉皮昂和哈德昂的图案，目前收藏在大英博物馆

的主要宗教时，亚历山大的萨拉匹斯神殿和菲莱的伊西斯神殿成为埃及旧宗教的最后堡垒。

萨拉匹斯的配偶伊西斯从没有经历过希腊化，并且一直是最纯粹的埃及神。在两位关系密切的神萨拉匹斯和伊西斯身上，亚历山大宗教的发展存在鲜明对比。萨拉匹斯几乎失去了原本的所有埃及特性，并且被赋予希腊神学思想，以希腊方式被人崇拜。当时，一种趋势是将萨拉匹斯与宙斯和赫利俄斯结合在一起，如将奥西里斯和拉结合。然而，伊西斯的雕像总是埃及式的。钱币上刻的伊西斯神殿也是埃及式的。此外，伊西斯没有被视为其他希腊神，而是埃及人在不同地方，以不同的名字称

图140 ● 哈德良统治时期的钱币，刻有萨拉匹斯的头像，目前收藏在大英博物馆

图141 ● 伊西斯和萨拉匹斯的雕塑，目前收藏在梵蒂冈博物馆

呼伊西斯。在亚历山大，伊西斯被称为伊西斯·法利亚、伊西斯·普卢西亚、伊西斯·索斯和门乌蒂斯的伊西斯。在蒙斯佛菲力特斯，人们发现一座祭坛，祭坛是献给伊西斯·马里尼摩斯的。伊西斯·纳伊娅是法尤姆纳巴那的一位神。亚历山大的纳奈昂可能是献给伊西斯·纳伊娅的。伊西斯·内菲尔塞斯和伊西斯·内费尔米思及索克诺帕奥内索斯的索克诺帕奥斯一同被供奉，并且在尼罗波利斯受人崇拜。在希埃拉-锡卡米诺斯塞卡，伊西斯被称为罗多斯特恩斯。此外，如前所述，在凯西斯和森斯基斯，伊西斯和萨拉匹斯一同被供奉。在奥古斯都统治时期，坦提拉一座神殿入口的石柱是献给伊西斯的。人们在

阿波利诺波利斯-帕尔瓦和帕迪拉发现了献给伊西斯的石碑。俄克喜林库斯有一座伊西斯神殿。然而，菲莱是崇拜伊西斯的中心地区。直到公元5世纪，菲莱仍然有献给伊西斯的碑铭，尽管古老的埃及宗教可能是由于政治危机才在这里持续存在。由于诺巴塔人的领土一直延伸到罗马边境，所以诺巴塔人也崇拜伊西斯，并且每年都会前往菲莱借用神殿里的雕像一小段时间来崇拜。因此，伊西斯神殿能保护菲莱——即使不是整个罗马边境地区——免遭诺巴塔人攻击。

图142 ● 图拉真统治时期的钱币，刻有伊西斯神殿的图案，目前收藏在大英博物馆

哈尔波克特拉斯是亚历山大的地方神，被称为哈尔-帕-赫鲁蒂，是婴儿时期的荷鲁斯。人们崇拜哈尔波克特拉斯过程的变化更接近崇拜伊西斯过程的变化，而不是崇拜萨拉匹斯过程

图143 ● 安东尼·庇护统治时期的钱币，刻有伊西斯·法利亚的形象，目前收藏在大英博物馆

图144 ● 小福斯蒂娜二世统治时期的钱币，刻有伊西斯·索斯的形象，目前收藏在大英博物馆

图 145 ● 涅尔瓦统治时期的钱币，刻有伊西斯的头像，目前收藏在牛津大学博德利图书馆

图 146 ● 马可·奥勒留统治时期的钱币，刻有伊西斯哺乳荷鲁斯的场景，目前收藏在牛津大学博德利图书馆

的变化。与伊西斯一样，哈尔波克特拉斯仍然是埃及神，并且在亚历山大以外的地方被本地化。但显然，这种本地化是通过某种类型的变化完成的。这一点可以通过亚历山大钱币上哈尔波克特拉斯的形象得到证明。在亚历山大，人们崇拜孩提时期

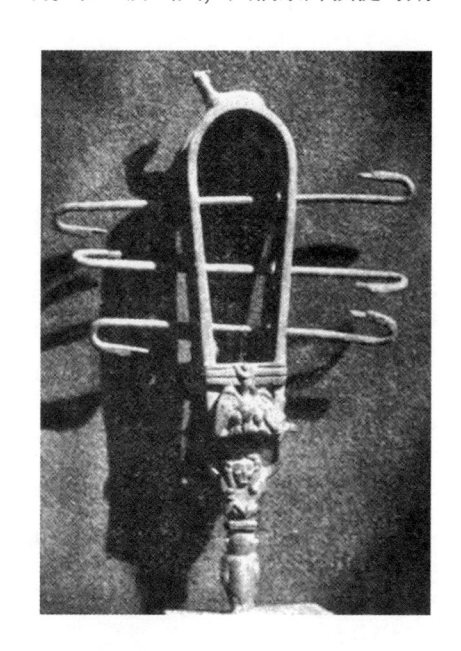

图 147 ● 铜叉铃，发现于那不勒斯，图片由皮特里提供

图 148 ● 穿着军装的少年荷鲁斯，皮特里收藏的陶俑

图 149 ● 图拉真统治时期的钱币，刻有哈尔波克拉特拉斯的形象，目前收藏在大英博物馆

的哈尔波克特拉斯。在赫拉克莱俄波利斯，哈尔波克特拉斯的形象是哈罗里斯，即年长的荷鲁斯，并且被认为和赫拉克勒斯的形象相似。在门德斯，哈尔波克特拉斯是一个留着胡子的男人，头上有当地公羊的角。在贝鲁西亚，哈尔波克特拉斯的人像旁边有一个标志性的石榴。在克诺珀斯，哈尔波克特拉斯腰部以下的身体被描绘成鳄鱼的身体。在陶阿和布陀，哈尔波克特拉斯的形象是坐在莲花上的一个埃及年轻人。除了钱币上的形象，官方遗迹中很少出现哈尔波克特拉斯的形象。在亚历山大，人们发现了哈尔波克特拉斯的雕像底座。这个雕像底座提到哈尔波克特拉斯被供奉在索克诺帕奥内索斯的索克诺帕奥斯神殿、阿尔西诺伊的宙斯·卡皮托利奥斯神殿，还提到阿波利诺波利斯-帕尔瓦的一块石碑是献给哈尔波克特拉斯和伊西斯

的。哈尔波克特拉斯是法尤姆纳巴那诸神中的一位。在整个埃及，人们普遍崇拜哈尔波克特拉斯或荷鲁斯。哈尔波克特拉斯的大量陶俑被发现。这些陶俑一般做工粗糙，显然是为了满足下层人们的需要而制作的。尤里安统治时期的罗马钱币上有哈尔波克特拉斯、萨拉匹斯和伊西斯的形象。当时，复兴的异教主要从埃及寻求灵感描绘神的形象。

在亚历山大，奥西里斯的影响力远不如萨拉匹斯。罗马统治时期的莎草纸和铭文都没有提到奥西里斯。另外，奥西里斯的形象没有被刻在钱币上。一些卡诺皮克[5]花瓶上刻着奥西里斯的人头形象。其中一些花瓶显示奥西里斯戴着阿泰夫冠，另一些花瓶显示奥西里斯戴着羊角、圣蛇、圆盘和羽毛装饰的冠

图150 ● 刻画有奥西里斯形象和星星的残块，发现于科普托斯，图片由皮特里提供

图151●哈德良统治时期的钱币，刻有赫曼努比斯的头像，目前收藏在大英博物馆

图152●安东尼·庇护统治时期的钱币，刻有赫曼努比斯神殿的图案，目前收藏在大英博物馆

冕。在科普托斯，奥西里斯被当作敏来崇拜。对奥西里斯的崇拜延续到尼禄时期。

与萨拉匹斯一样，赫曼努比斯也是亚历山大的地方神；并且与萨拉匹斯的名字一样，赫曼努比斯的名字也是从古埃及神话中借来的，并且结合了荷鲁斯和阿努比斯的名字。在希腊人看来，如同萨拉匹斯与哈德斯有着相同的特征，赫曼努比斯和赫尔墨斯也有着相同的属性。安东尼·庇护统治时期的钱币上刻着一座赫曼努比斯的神殿。这座神殿可能位于亚历山大。

亚历山大居民对尼罗河的崇拜方式也有新的变化。在亚历山大，萨拉匹斯被认为是河神。哈德良统治时期的一枚钱币刻着萨拉匹斯的神殿。神殿中的萨拉匹斯神像坐在岩石上。萨拉匹斯的上半身或者他的整个身体斜倚在河马或鳄鱼身上。萨拉匹斯神像上还写有数字"十六"，似乎表示洪水上升的高度。作为尼罗斯的配偶，欧赦涅亚被认为是神。欧赦涅亚的形象或单独或与她的丈夫尼罗斯的形象一同被刻在钱币上。

面对埃及已经存在的宗教观念，罗马帝国的征服者并没有在其上增加多少新的宗教思想。唯一著名的罗马信仰活动可能是崇拜朱庇特。阿尔西诺伊有一座献给朱庇特的神殿。卡拉卡拉统治时期的一份长篇仪式记录提到了这座神殿。这表明神殿是皇室，特别是卡拉卡拉崇拜朱庇特的神圣场所。在三个月的时间内，这座神殿庆祝的节日有：两个纪念被神化的塞普蒂米乌斯·塞维鲁的节日，一个庆祝朱莉娅·多姆娜被宣布为军队

图153 ●哈德良统治时期的钱币，刻有尼罗斯神殿的图案，目前收藏在大英博物馆

图154 ●尼禄统治时期的钱币，刻有尼罗斯的头像，目前收藏在牛津大学博德利图书馆

图155 ●图拉真统治时期的钱币，刻有尼罗斯的形象，目前收藏在大英博物馆

图156 ●刻有欧赦涅亚的头像，目前收藏在大英博物馆

之母的节日，七个与卡拉卡拉有关的节日，还有一个庆祝罗马诞辰的宴会。俄克喜林库斯也有一座朱庇特神殿。

埃及人对历任罗马皇帝的崇拜，与其说是罗马式的，不如说是埃及式的。自古以来，埃及统治者在埃及人心中拥有半神的地位。比起臣民不时能见到的统治者，一位远在罗马的皇帝更神秘、更令人敬畏。因此，虽然奥古斯都和提比略不鼓励人们在他们的有生之年将自己神化，但卡利古拉一表达想神化自己的意愿，亚历山大居民就全心全意崇拜他。因此，在韦斯帕芗登上皇位后访问亚历山大时，这里的居民甚至认为韦斯帕芗能创造奇迹，医治疑难病症。在坦提拉的伊西斯神殿入口的壁画和阿尔西诺伊的铭文上，奥古斯都被称为"宙斯·厄琉忒瑞俄斯"。在布西里斯和勒托波利特诺姆的一份居民文件中，尼禄被称为"世界的阿加索斯·代蒙 (Agathos Daimon of the world)"。卡拉卡拉统治时期的一篇铭文表明，除了皇帝们——可能是塞维鲁和卡拉卡拉——的祭司，亚历山大还有图拉真和安东尼·庇护的祭司及哈德良的祭司。哈德良的祭司可能专门崇拜哈德良。孟菲斯有一座哈德良神殿。另外，俄克喜林库斯的一张莎草纸上的文字提到了恺撒神殿。

罗马帝国政府通过"亚历山大和整个埃及的大祭司"全面监督埃及的宗教事务。亚历山大的大祭司可能由罗马皇帝直接任命。大祭司不但在整个埃及行省的神职人员中拥有最高权力，而且负责管理神殿内的财宝。

一些钱币上刻着提喀神殿的图案。提喀是埃及人喜爱的神，并且在亚历山大拥有独特的形象。刻有提喀形象的、在亚历山大和罗马铸造的钱币可能没有任何宗教意义。

如前所述，犹太人是埃及——特别是在亚历山大——的重要组成部分。犹太人在宗教事务方面的立场与埃及人、罗马人和希腊人的完全不同。然而，根据斐洛的描述，塞勒庇特派的犹太神学思想在埃及获得了独特的发展。塞勒庇特派的信徒生活在马里奥蒂斯湖附近的一个聚居点，并且过着修士的生

图157 ●安东尼·庇护统治时期的钱币，刻有提喀神殿的图案，目前收藏在大英博物馆

图158 ●哈德良统治时期的钱币，刻有提喀的形象，目前收藏在大英博物馆

图159 ●安东尼·庇护统治时期的钱币，刻有亚历山大城的提喀的形象，目前收藏在大英博物馆

图160 ● 哈德良时期的钱币，刻有亚历山大大帝的头像，目前收藏在大英博物馆

活，全身心投入学习和冥想。男人和女人都被接纳进入塞勒庇特派，并且每名成员有一个单独的小房间。塞勒庇特派的信徒每星期在房间内单独待六天。第七天，在犹太教堂或者在每隔五十天举行的节日上，他们和其他信徒见面。在古埃及本地宗教的信徒中，这种以冥想为主的生活方式并不少见。塞勒庇特派的信徒可能受到来自印度的佛教传播者的引导。不过，犹太人不太可能有意识地从其他教义中借用任何思想。他们采取同样神秘的隐居方式表明，这一宗教行为与埃及的自然环境特征有关。在埃及，对想从世界上消失的人来说，沙漠是最好的选择。对于那些思想已经进入更高的宗教而非拜物教的人，沙漠拥有奇特的吸引力。这种吸引力易于感受，但难于描述。另外，沙漠诱使进入沙漠的人留下来，远离原来的生活。不久以后，基督教在更大程度上表现出同样的倾向，并且借用埃及的

图 161 ● 安东尼·庇护统治时期的钱币，刻有罗马的形象，目前收藏在大英博物馆

图 162 ● 安东尼·庇护统治时期的钱币，刻有罗马的形象，目前收藏在牛津大学博德利图书馆

做法，在整个欧洲传播这种做法。

根据记载，基督教在尼禄统治时期传入埃及。当时，使徒马可到访亚历山大。除了牧首名单，亚历山大教会最初几年的记录没有保存其他信息。很快，在亚历山大的宗教派别中，亚历山大教会占有一席之地，并且影响了当地的其他教派。与此同时，亚历山大教会也受到其他教派的影响。由于亚历山大是罗马帝国内思想流派最多的地方，所以当地基督教徒发展出大量新奇的思想。最早的埃及基督教异端思想是在哈德良统治时期，由亚历山大的巴西利德斯创建的诺斯替派。诺斯替派企图将基督教与古埃及巫术混合在一起。亚历山大的哲学家进一步发展了诺斯替派的思想。

基督教在亚历山大之外的埃及城市设立牧首，首先发生在马可·奥勒留统治时期。当时，亚历山大牧首德米特里一世提名了三名牧首。这时，潘泰诺斯刚建立亚历山大基督教教理问答学校，培养基督教学生。塞普蒂米乌斯·塞维鲁统治时期，基督教徒的地位与日俱增。当时，埃及基督教徒首次受到了有组织的迫害。然而，有组织的迫害没有阻止基督教的传播。大约三十年后，埃及主教的人数从三人增加到二十人。德西乌斯和瓦勒良下令再次迫害基督教徒，但加里恩努斯在埃及已经面临大量政治困难，不希望增加宗教迫害事件并使宗教问题复杂化。于是，他颁布法令，停止迫害基督教徒，并且给予基督教徒宗教信仰自由。

该法令使基督教徒能建造教堂。旧开罗的穆雅德小教堂可能是在该法令颁布后不久建造的。在俄克喜林库斯发现的一张大约公元300年的莎草纸提到该地北部和南部的教堂。毫无疑问，此时，大多数大城市建造了类似的教堂，但都被戴克里先下令摧毁，基督教徒被迫改变信仰。接下来，对基督教徒的迫害持续了几年。

君士坦丁大帝的皈依给基督教带来了权力。接下来的公元4世纪到公元5世纪，除了尤里安的短暂统治时期，基督教徒一直积极试图铲除异教徒。如同埃及原有宗教的祭司试图压制基督教一样，基督教徒持续逼害异教徒。基督教徒十分残忍。他们最臭名昭著的罪行是在牧首西里尔的唆使下，在亚历山大谋杀了希帕蒂娅。显然，每一位牧首和修道院院长都认为自己可以随意处置异教徒及其财产。于是，埃德科夫主教马卡里乌斯和他的同伴袭击了一个村庄。他们不仅烧毁了一座神殿和三百零六尊雕像，还烧死了神殿的大祭司。根据《施努迪传》，施努迪曾参与攻击帕诺波利斯及附近村庄，并且以上帝的名义焚烧房屋和神殿。于是，帕诺波利斯的居民向埃及行省总督投诉施努迪。

很难说罗马帝国政府对异教采取什么立场。显然，是否干涉管辖地区的宗教争端，应该由每一位地方官斟酌。实际上，大多数官员都会满足于管辖地区总体和平的状态。各处都有积极的基督教徒官员协助当地传教士开展铲除异教徒的行动。例如，辛内吉乌斯帮助亚历山大牧首西奥菲勒斯摧毁萨拉匹斯神殿。已经表明身份的异教徒可能会试图阻止基督教徒破坏城市。例如，安提诺的一名官员传唤施努迪。但文官不会干涉宗教争端。罗马帝国政府并不愿意在外交场合出现埃及古老神的崇拜活动。这体现在马尔西安统治时期马克西密努斯与诺巴塔人签订的协议中。这份协议的一项条件是每年将菲莱的伊西斯雕像借给诺巴塔人。

基督教各教派对埃及政治的影响不容忽视。埃及是阿利乌派的诞生地。这为以下事实提供了说辞：君士坦提乌斯驱逐阿塔那修，君士坦斯和君士坦提乌斯爆发冲突，造成罗马帝国东西方大分裂[6]。此后，宗教分歧以各种形式继续存在，成为最终导致罗马和君士坦丁堡分裂的所有争端中最明显的外部因素。上文已经追溯了代表君士坦丁堡国教的亚历山大牧首与雅各派的对立。这种对立导致的结果是：首先，总督兼牧首查士丁尼、阿波罗利留及其继任者既拥有行政权力，又拥有宗教地位。这为中世纪教皇统治世俗世界埋下了伏笔；其次，后来的纷争使埃及先后被波斯人和阿拉伯人占领，最后被纳入拜占庭帝国的版图。

埃及基督教存在的各教派可以追溯到埃及民族大融合的时期。希腊统治阶级从没有与埃及本地人融合。各教派都自然而然地遵循自己的宗教思想。如果处在争议中的神是异教神，那么由于异教神具有包容性，能根据崇拜者的意愿被视为其他神。这就不会出现严重的宗教冲突。因此，希腊人和埃及人可以在同一座神殿内崇拜各自的神。祭司也对此感到满意。但基督教教会的领袖们——他们中的部分人想要脱离松散的神学体系，试图推行严格的正统观念时，希腊人和埃及人的思想开始显露出先天差异。在基督教信条中，正统观念被明确地阐明，甚至信条的每个字都必须被正确信奉，丝毫不能出现偏差。埃及的农夫不能理解亚历山大学派哲学的精妙之处。因此，在阿利乌派和一性论者的争论中，埃及本土教会每次都坚持比较简单的信仰形式。

然而，埃及的基督教教会并不是没有受到埃及古老宗教的影响。亚历山大的柏拉图主义者在基督教早期发展阶段，特别是在逻各斯[7]学说中的重要性众所周知。基督教借用异教思想的一个更突出的例子可能是将马利亚奉为耶稣的母亲。这个想法很可能是从埃及的伊西斯与她的孩子荷鲁斯的关系中借来的。两对母子的艺术表现形式相似。三位一体学说的发展可能受到埃及宗教的影响，但三位一体学说并不构成原始犹太-基督教的一部分。整个古老的埃及神学都充斥着三重神性的思想。这既体现在各城市崇拜的三位神中，又体现在神的三个名字中。这三个名字代表着同一个人的三个不同方面。因此，每位神都可以用三个名字称呼。

然而，埃及对基督教教会生活的最重要的贡献是建立隐修制度。我们在上文对塞勒庇特派的论述中，已经注意到这一点。基督教徒也养成了在旷野孤寂之地静修的习惯。最早的基督教隐士出现在君士坦丁大帝统治时期。半个世纪后的瓦林斯统治时期，修道院不仅地位稳固，被法律承认为有权拥有财产的机构，而且许多人以修道院誓言为由要求免除服兵役或缴税的义务。这给政府造成严重困难。因此，我们可以判断隐修制度传播速度之快。许多神殿和其他建筑物被基督教徒占领并被作为修道院使用。大约公元4世纪末，鲁菲纳斯在俄克喜林库斯看到被占用的建筑作为修道院的事例。在古罗马的巴比伦要塞，军事建筑被改建成修道院。在大多数情况下，沙漠修道院可能由一个个单独的房间组成。在鲁菲纳斯生活的时代，埃及建造了一些女修道院。其中，最大的女修道院在塔班纳。位于塔班纳的女修道院有三千名修士。由于罗马帝国政府越来越软弱，修士们为抵御不时袭击埃及的沙漠部落，有必要保护自己的安全。于是，堡垒式的修道院——最早的例子可能是白色修道院——变得普遍。白色修道院可能建于君士坦提乌斯统治时

图 163 ●白色修道院：旧时教堂的中殿变成现在的庭院

图164 ● 白色修道院：正殿的墙壁和柱子

期。修道院外围建有一大片白墙。墙面上只有高处的窗户和两个容易堵住的小入口。这样的修道院如果拥有充足的补给，那么可以长期抵御围困修道院的掠夺者。根据《施努迪传》的记载，施努迪的修道院维持了两万人及从布莱梅耶人手中救出来的妇女和儿童三个月的生活。从这段描述中，我们可以判断修道院内储存的粮食数量。由于周边地区遭到突袭，修道院不太可能从附近获得大量补给。因此，我们必须假定八万五千阿塔拜小麦及修士为客人提供的许多其他食物一定储存在修道院内。然而，埃及修道院的军事用途只是次要的。不过，查士丁尼无疑受到修道院建筑的启发。为防止西奈山下的通道遭到阿拉伯北部游牧部落的袭击，查士丁尼下令建造了一座修道院。由于拜占庭帝国其他地区不像埃及那样会受到沙漠部落的突袭，没有相似的动机并形成同样的修道院生活方式。但隐修制度最终传遍欧洲，塑造了中世纪基督教的教会思想。

【注释】

1. 埃及语名字是"索贝克(Sobek)",罗马帝国统治时期埃及的宇宙之神、生育之神。——译者注
2. 托钵僧是13世纪上半叶在欧洲出现的一种僧侣。他们麻衣赤脚,宣传福音。——译者注
3. 各诺姆铸造钱币被认为是地方事务。有人可能认为诺姆钱币上雕刻的图案应该是古老的埃及地方神。——原注
4. 狄俄斯库洛依是古希腊-罗马神话中的孪生神。——译者注
5. 卡诺皮克是古埃及人制作木乃伊时用作保存内脏的器具。——译者注
6. 公元395年,狄奥西多一世将罗马帝国分给两个儿子,从此罗马帝国分为东西两部分,即君士坦斯统治的东罗马帝国(定都君士坦丁堡)和君士坦提乌斯统治的西罗马帝国(定都罗马)。——译者注
7. 逻各斯(Logos)是欧洲古代和中世纪常用的哲学概念。一般指世界上可理解的一切规律。——译者注

第 10 章

埃及城市和乡村的生活

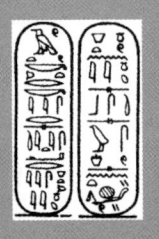

LIFE IN THE TOWNS AND
VILLAGES OF EGYPT

最近发现的莎草纸能使人更清楚地了解罗马统治时期埃及居民的生活，其中一些情况得到了特别注意。当在俄克喜林库斯发现的莎草纸全部出版时，毫无疑问将描绘出城镇生活的完整图景。但是，即使已经出版的那些——只占总量的一小部分，也提供了一幅相当有趣的图画。

公元3世纪初，俄克喜林库斯的神殿看守人记录了该地的公共建筑。这份记录列出了萨拉匹斯、伊西斯和托厄里斯[1]三座神殿。每座神殿都有专门的看守人。萨拉匹斯神殿有六名看守人，伊西斯神殿有一名看守人，托厄里斯神殿有七名看守人。我们可以由此推测出三座神殿的规模及地位。另外，俄克喜林库斯镇还有一座尤利乌斯·恺撒神殿。这座神殿没有看守人。名单中提到一根献给托厄里斯的柱子及两座教堂。这两座教堂分别坐落在俄克喜林库斯的北部和南部，但当时它们并不被视为公共建筑。剧院有三名看守人，竞技馆有两名看守人，尼罗河水位测量标尺有一名看守人。除了这些建筑物，名单还提到卡比托利欧山、三个浴场和四扇大门。

名单中建筑的状况展现了当时埃及城市建筑的一般状况。这表明，在宗教生活中，地方官员仍然允许地方特有的对当地神的崇拜及对萨拉匹斯和伊西斯的崇拜存在。然而，与此同时，作为有组织的团体，基督教出现了，并且其重要性不容忽视。恺撒神殿和朱庇特神殿是罗马在埃及建立霸权的标志。浴场、竞技馆和剧院满足了在埃及生活的希腊人的需求。

在俄克喜林库斯，竞技馆及竞技活动似乎占有十分重要的地位。以下是一份公元323年的公告。这份公告体现了埃及人对竞技馆及竞技活动的态度：

> 迪奥斯科里季斯是俄克喜林库斯诺姆的记录员。青年剑术比赛将于明天，即24日开始。传统及节日的性质要求青年运动员在比赛中尽最大努力。两场比赛都会有观众在场。

另一张莎草纸记录了授予比赛胜利者的特权，并且载有公元292年，俄克喜林库斯元老院写给当地将军一封信的副本。信的内容如下：

> 在一次会议上，我们宣读了狄奥多罗斯的一封信。最近，他被选出代替书吏艾瑞恩面见总督阁下，并且出席纯洁的法庭。在这封信中，狄奥多罗斯解释说，由于在比赛中取得胜利，他无须接受调查。这封信继续说，在宫廷中，狄奥多罗斯提名奥雷利乌斯为总督效力，特此函告，并且请您[2]告知奥雷利乌斯相关信息，以免奥雷利乌斯耽误离开家乡、出席宫廷议事的时间。祝愿您健康安好。

显然，拜占庭帝国时期，俄克喜林库斯的竞技馆被赛马场所取代。公元6世纪和公元7世纪，与俄克喜林库斯的大多数其他建筑一样,竞技馆属于弗莱维厄斯·阿皮恩。在一份寄给弗莱维厄斯·阿皮恩的文件中,一个叫约翰的人自称为"得益于上帝的帮助,您的赛马场和马厩的承包商"。与其他地方的观众一样,俄克喜林库斯的观众分成蓝绿两派。双方似乎都有自己的发令员,并且为马匹保养提供资金。根据保留下来的收据,大臣乔治·乔罗博科斯向蓝派的两名发令员支付月工资一百零八又八分之五克拉;为了购买绿派涂搽马匹患处的药剂,银行家阿纳斯塔修斯支付四克拉苏勒德斯[3]。由于人们倾向于将蓝绿两派与基督教会的两个教派等同起来,所以在比赛过程中发生的暴力冲突有所增加。蓝绿两派的争端不断滋长。法尤姆总督多门提纳斯领导的蓝派和梅纳斯领导的绿派爆发了巷战。

村子里的居民自然想前往诺姆的首府参与大部分娱乐活动,但在法尤姆发现的莎草纸保存了一份记录,表明村里的官员没有忽视为村民组织娱乐活动。内容如下:

> 致训练学校的管理人奥雷利乌斯·席恩。我是巴齐亚斯村长、费拉德尔福斯之子奥雷利乌斯·阿斯克利皮亚德斯。我想从你那里雇蒂萨伊斯和另一位女孩从旧历法帕奥皮月[4]13日开始,来我村跳舞十五天(此处存疑)。我们将每日支付三十六德拉克马,另外给三阿塔拜小麦、十五对饼。另外,我们会派三头驴将她们接过来再送回去。

来自俄克喜林库斯的三封短信都很有趣。它们展现了该镇居民的社交生活。晚宴大多在21时举行,并且可以在神殿内举行。神的节日为社交活动提供了机会。晚宴的邀请信如下:

柴雷蒙,请您明天(15日)21时前往萨拉匹斯神殿共进晚餐。

海蕾,请您明天(5日)21时到她家共进晚餐,庆祝她的孩子们结婚。

亲爱的塞勒尼亚,近来可好?我是佩托斯里斯。请您一定要在20日参加神的生日庆典。请让我知道您坐船来还是骑驴来。我们可以派人接您。千万别忘了这次庆典。祝愿您健康安好。

然而,无论是保存在莎草纸上的罗马统治时期的记录,还是在发掘罗马遗址时发现的物品,都很少能证明亚历山大以外的埃及人生活奢侈。巴齐亚斯的房屋被仔细调查。与埃及任何一座罗马城镇一样,调查中记录的家庭用品有:"木碗、大浅盘、盒子、写字板和芦苇管;骨骰子、别针和马桶器具;铜戒指和别针;梳子、陶俑、多座木质纪念式棱柱形神龛、一座大理石神龛(神龛上面刻着四个彩绘人物浮雕)。"人们在其他罗马人留下的遗址中发现家居用品的目录也有同样的内容。

罗马统治时期,埃及艺术品的工艺水平比较低。这导致人们认为此时埃及人的生活水平也很低。实际上,法尤姆木乃伊的画像展现了很高的工艺水平。但除了公共纪念碑，这些木乃伊画像是唯一堪称艺术品的物品。罗马统治时期的陶器和陶俑做工粗糙，墓碑设计毫无艺术品位可言。即使公共雕塑也如此，虽然罗马统治埃及早期制作的一些石碑一定程度上展现出掌握了传统雕刻工艺，但与此同时，制作了许多品位很差的作品。公元2世纪，埃及的艺术品位迅速降低。卡拉卡拉访问埃及时，卡拉卡拉的雕像似乎已经在埃及许多地方摆放起来，但它们奇丑无比。一位艺术家甚至将一尊旧雕像的脸部重新雕刻成卡拉卡拉的头像。罗马统治晚期的作品数量很少，并且品质都十分低劣。有趣的是，人们在《俄克喜林库斯莎草纸》中发现了一封公元357年的信。写信人是一个诺姆的将军和记录员。信中要求"为我们的领主、了不起的总督庞波尼乌斯·米特罗多罗斯制作一尊雕像"。我们如果能知道雕像的制作过程，那么读者一定会捧腹大笑。

虽然埃及人的生活不奢侈，但可以肯定他们很勤劳。"哈德良在写给塞尔维亚努斯的信"中（可能写于公元3世纪）说："在亚历山大，没有一个闲人。有人生产玻璃制品，有人造纸，有人织布。"如果我们不考虑向罗马供应的谷物——主要作为贡品而不是贸易品，那么玻璃制品、纸、布占埃及出口贸易的大部分。奥勒良将谷物和玻璃制品、纸、布列入埃及上交罗马的贡品清单。玻璃制品和纸主要在亚历山大制造，但亚麻布编织遍及整个埃及。除了农夫，莎草纸中最常提到的职业是织布工。甚至小村庄也能制作上等的布。通常情况下，这些村庄以织出某种特别的面料闻名。每个诺姆的贸易活动都由行会组织。行会的事务由每月选出的会长管理。人们发现俄克喜林库斯各行会的许多公告，如铜匠、面包师、啤酒商、油商和养蜂人的行会的公告。每个行会报告月底的商品库存价值，下面是铜匠行会的公告：

> 致俄克喜林库斯诺姆的记录员弗莱维厄斯·尤瑟比乌斯。我是麦瑟的儿子奥雷利乌斯·托尼乌斯。我谨代表俄克喜林库斯铜匠行会做出声明。根据我们的评估，本月库存货物价值如下。我们宣誓我们的声明是正确的。库存货物的价值为：可锻青铜六磅，价值一千便士，另有铸造青铜四磅。在闻名遐迩的弗莱维厄斯·乌尔苏斯和弗莱维厄斯·波莱米乌斯的见证下，在阿提尔月[5]30日（签名），我，奥雷利乌斯·托尼乌斯发表上述声明。

这些声明表明地方官员严格监督其辖区内的商人。另一张莎草纸提供了其他证据，证明官方限制商业活动。

> 致俄克喜林库斯诺姆的记录员弗莱维厄斯·特恩尼拉斯。我是迪麦姆斯之子奥雷利乌斯·尼勒斯，在俄克喜林库斯诺姆卖鸡蛋。在此，我向罗马皇帝庄严宣誓，我将我的鸡蛋放到市场公开售卖，并且为俄克

喜林库斯供应鸡蛋,每日如此,永不间断。此外,我认识到,今后我秘密出售鸡蛋或在我的房子内出售鸡蛋将是非法行为。如果我这样做被发现,那么将因违背誓言而受到惩罚。

然而,埃及的主要产业是农业,并且农业一直以来都是埃及的主要产业。因此,我们需要特别关注莎草纸记录的与农业有关的内容。埃尔穆波利斯的一份长篇文献,概述了埃及农场工人在某些时间段的工作情况。根据这份文献,在透特月(每年8月到9月),农场工人的主要工作是看管堤坝,因为这时,河流水位高涨。此外,在无法使用水自然灌溉的土地上,农场还雇男工人开展人工灌溉,搬运粪肥和除草。在下一个月,即帕奥皮月(每年9月到10月),堤坝仍然需要看管,但随着河流水位下降,与前一段时间相比,看管者可以稍微放松警惕。这时,农场仍然需要人工灌溉,并且需要开始开垦土地。阿提尔月(每年10月到11月)播种谷物。这时,人们必须给土地施肥和浇水。提比月(每年12月到下一年1月),作物在生长,人们只需要浇水和施肥,农场工人更多被派去修剪葡萄树和砍棕榈。法姆提月和帕洪斯月(每年3月到5月),所有人都忙于收割和打谷。另一份发现于孟菲斯的莎草纸详细介绍了农场工人在梅索尔月(每年7月到8月)的工作。在梅索尔月,一大群人被派去看守和修理堤坝,另一群人被雇完成打谷后的清理工作,并且从打谷地里搬走糠,用作燃料。其他人负责修理农具。

埃及土地种植的主要作物是包含大麦在内的谷物。此外，埃及人经常播种扁豆和亚麻。莎草纸经常提到橄榄、无花果、棕榈和葡萄藤的园地。大面积的土地肯定被用作牧场，甚至很可能像现代牧场那样播种苜蓿。种植上述作物的土地比例可能与现代农业的种植比例大致相同。当时，一半以上的可耕种土地用于种植谷物。棉花、水稻和甘蔗已经被引入埃及，其种植甚至占用了埃及大约六分之一的耕地。这可能导致谷物种植量减少。印度谷物在埃及谷物种植中占有一席之地。但除了新种植的作物，罗马统治时期种植的作物与莎草纸中提到的作物大体相同。

大量土地契约被保留下来，并且向我们提供了包括埃及通常的租金在内的诸多信息。租金通过两种方式支付：一种是上交固定数量阿塔拜的谷物，租金从每阿罗拉一阿塔拜到七又二分之一阿塔拜不等；另一种是上交固定比例的农产品。其中，上交的最低比例是二分之一，最高比例是五分之四。这些契约条款并没有给出充分的证据来区分这两种方式，在埃及各地和各个时期，这两种方式都曾被采用。

从目前掌握的少量记录来看，公元1世纪到公元3世纪，埃及工人的报酬稳步上升。公元78年，埃尔穆波利斯工人日工资是三欧宝到五欧宝。我们可以通过免除堤坝劳动支付的金额推断出，2世纪中叶，法尤姆工人的日薪是八欧宝。公元215年，阿尔西诺伊砖瓦匠的每日工资是二又二分之一德拉克马，其下属的砖瓦工人的日工资是二德拉克马。公元255

年，孟菲斯工人的日薪是六德拉克马到九德拉克马。然而，工人工资上涨可能是由于货币贬值，而不是工人地位的提高，因为所有商品的价格似乎都有所上涨。

在某种程度上，莎草纸中记录的埃及生活并不令人满意。其中，埃及人向地方官员投诉了多起盗窃和袭击事件。这些记录难免有以偏概全的嫌疑，因为不当的行为自然被记录下来，善良的行为却没有被记录下来。不过，罗马人认为埃及是一个叛乱频发的地方。这不是毫无理由的。莎草纸记录了埃及村庄内的一些争执。例如，一个女蔬菜销售者塔尔莫西斯向阿尔西诺伊诺姆赫拉克勒德区的将军提出正式申诉，她指出"本月4日，巴齐亚斯村长老阿蒙尼奥斯·菲蒙的妻子塔瑟诺菲斯来到我家。她在没有任何理由的情况下，破坏我家，使我很不愉快。她撕破了我的外衣和斗篷，还拿走我放在衣服内的十六德拉克马。这十六德拉克马是我卖蔬菜赚来的。本月5日，菲蒙来到我家，假装找我丈夫。实际上，他拿了我的灯进入房间，并且在我丈夫不在家时，拿走一对重四十德拉克马的银臂镯"。此外，一个更严重的指控是彼得琼的儿子西鲁斯向大绿洲(Great Oasis)的长官提出的。他说："我的妻子和我来自同一部落，她叫特塞克……，她是自由民父母所生的自由民。她为我生下孩子。阿蒙尼奥斯的女儿塔贝斯和她的丈夫拉罗及他们的儿子普西内斯和斯特拉顿做了一件事，使本城众官员蒙羞，也展现出塔贝斯一家人的鲁莽。塔贝斯一家人将我的妻子和孩子带到他们家中，称我的妻子和孩子为奴隶，尽管我的妻子和孩子是自由民。我妻子的兄弟们都是自由民。当我抗议时，他们抓住我，打了我，他们的行为太可耻了。"《施努迪传》描述了埃及人的生活。一次，一个男人甲来找施努迪，称圣人告诉甲，甲是一个杀人犯。显然，甲想起一件已经忘却的事，即他如何拿剑，走了出去，毫无缘由地杀了一个女人。此时，都司正沿尼罗河而上。许多强盗被带到都司面前，但都司不经审判立即将强盗处死。在罗马统治的后半期，埃及人的违法行为无疑更多了。如前所述，在阿拉伯征服前的五十年内，埃及实际上处于无政府状态。

【注释】

1　托厄里斯是俄克喜林库斯镇特有的神。——原注
2　指收信的当地将军。——译者注
3　苏勒德斯是古罗马的一种金币。——译者注
4　帕奥皮月是古埃及和科普特历法中的第二个月。——译者注
5　阿提尔月即哈索尔月,是古埃及和科普特历法中的第三个月。——译者注

附录 1

罗马在埃及的驻军

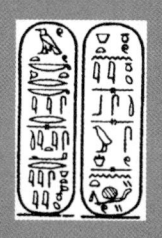

THE ROMAN GARRISON IN EGYPT

在奥古斯都统治时期，罗马在埃及的驻军由三个军团(legions)和九个步兵队(cohort)组成，其中一个军团驻扎在亚历山大，一个军团驻扎在巴比伦，三个步兵队驻扎在亚历山大，三个步兵队驻扎在赛伊尼。但在提比略时期，一个军团被调走。驻扎在埃及的罗马军队力量维持不变。公元99年，图拉真统治时期，第三昔兰尼加军团和第二十二德尤塔卢斯军团被调走。一个新的军团——第二图拉真军团——驻扎在埃及，直到它消失在历史上。关于在埃及的全部罗马军队的详情，除了《百官志》[1]中提到驻扎在埃及行省的有八个军团、十一个骑兵连(companies of cavalry)、三十个骑兵队(ala)和十九个步兵队，没有更多记载。

根据蒙森的研究，罗马在埃及的军队主要从埃及招募，但也有例外：1世纪，第三昔兰尼加军团和第二十二德尤塔卢斯军团中很大一部分是迦拉太人。蒙森认为，造成这种情况的原因是，奥古斯都统治埃及和迦拉太，因此控制了托勒密王朝和德尤塔卢斯的军队。1世纪后，埃及军队从来没有被外调。此外，考虑到埃及军队的结构，而埃及行省被当作一个独立的王国对待，埃及的本土军队只用于处理内部事务。瓦伦斯首先打破了这一规则，他派遣一些埃及士兵到其他行省服役，并在埃及驻扎由哥特人组成的军队。因此，根据《百官志》记录，第二新埃及军团曾在美索不达米亚的迦塔服役，第二埃及军团曾在腓尼基的戴克里先谷服役。

下表给出了驻扎在埃及的军团、步兵队、骑兵队和其他部队的信息。名字被括起来的罗马军团可能并没有驻扎在埃及。

军团的名字	驻地
第一伊利里亚军团	
第一马克西米娜军团	菲莱
第一瓦伦提安军团	科普托斯
第二底比斯弗拉维君士坦丁军团	库塞
第二图拉真军团	
第一瓦伦提安军团	赫尔蒙迪斯
（第二奥古斯塔军团）	
第三昔兰尼加军团	
第三戴克里先军团	安德罗斯、普拉森蒂亚、翁布、底比斯
第三高卢军团	
第四弗拉维军团	俄克喜林库斯
第五马其顿军团	孟菲斯
第七克劳迪亚军团	俄克喜林库斯
第十一克劳迪亚军团	俄克喜林库斯
（第十二雷霆军团）	
第十三嘉玛军团	巴比伦
（第十五阿波罗尼亚军团）	
第二十二戴克里先军团	
斯坦布勒萨尼骑兵团	培琉喜阿姆
撒拉逊萨慕德骑兵团	
本土射手骑兵团	坦提拉、科普托斯、迪奥斯波利斯、莱托波利斯、马米亚洛波利斯
斯库塔里骑兵团	埃尔穆波利斯

●续 表

军团的名字	驻地
霍诺留亚尼幸运骑兵团	亚斯菲尼斯
毛里斯库塔里骑兵团	利科波利斯
卡塔弗拉塔里骑兵团	
千人营	昔兰尼
第一阿巴斯哥姆骑兵队	哈比斯
第一埃及骑兵队	塞莱
第二埃及骑兵队	塔科西里斯
第二阿非利加乌尔皮第骑兵队	索巴斯蒂斯
阿朴尔骑兵队	
第二阿拉伯骑兵队	特伦努斯
阿卡迪乌斯骑兵队	
第二亚美尼亚骑兵队	小绿洲
第二亚述骑兵队	索斯提奥斯
奥古斯塔骑兵队	
第四布列塔尼亚骑兵队	伊斯姆
第一朱庇特卡塔弗拉塔里骑兵队	潘帕尼斯
克马杰诺姆骑兵队	
第三骆驼骑兵队	马克西米亚诺波利斯
第二赫拉克勒斯骆驼骑兵队	普西诺拉
第一瓦勒良骆驼骑兵队	普雷克提斯
第一法兰克骑兵队	阿波利诺波利斯
加利卡骑兵队	
安东尼亚加利卡骑兵队	
加利卡老兵骑兵队	莱诺科鲁拉

●续 表

军团的名字	驻地
日耳曼尼亚骑兵队	佩斯克拉
第一赫科里亚骑兵队	杰尔哈斯
第一锡伯留姆骑兵队	斯穆伊斯
毛里骑兵队	
内普尼亚骑兵队	切诺博斯基翁
第八帕尔米拉骑兵队	腓尼基
第五先驱骑兵队	狄俄尼西亚斯
第一四孔骑兵队	小绿洲
第五雷蒂亚骑兵队	
第七萨尔马提亚骑兵队	曼德罗姆
第一色雷斯马勒塔纳骑兵队	
第一丹吉塔尼亚骑兵队	蒂马奈普斯
第八瓦达洛姆骑兵队	尼亚波利斯
沃克提姆骑兵队	
第七赫拉克勒斯支援骑兵队	莱托波利斯
第八……骑兵队	阿拜多斯
狄奥多西骑兵队	
第九阿勒曼尼步兵队	布尔古斯-塞韦里
第一阿帕门诺姆步兵队	西西利斯
第二阿斯图尔步兵队	布西里斯
第十一喀马维姆步兵队	帕诺波利斯
第一弗拉维亚西利库姆步兵队	
第一弗拉维亚西利库姆骑兵步兵队	
第一大马士革步兵队	

●续 表

军团的名字	驻地
第一伊庇鲁斯骑兵步兵队	卡斯特拉-犹太
第七法兰克步兵队	迪奥斯波利斯
第三迦拉太步兵队	切夫罗
第七哈卡诺鲁姆步兵队	
第一西班牙步兵队	
第一西班牙骑兵步兵队	
第二西班牙步兵队	俄克喜林库斯
第二西班牙骑兵步兵队	
伊特拉奥鲁姆步兵队	
第二伊特拉奥鲁姆步兵队	
第二伊特拉奥鲁姆骑兵步兵队	
第三伊特拉奥鲁姆步兵队	
第四朱胡戈鲁姆步兵队	阿芙罗狄托波利斯
第一执政官奥古斯都卢西塔尼亚步兵队	
第一执政官奥古斯都卢西塔尼亚骑兵步兵队	
第四努米底亚步兵队	纳蒙西斯
第一奥古斯塔潘诺尼亚步兵队	斯穆伊斯
罗马公民步兵队	
第一射手步兵队	纳西
第五赛伊尼步兵队	赛伊尼
第六苏甘布罗鲁姆步兵队	卡斯特拉-拉皮达里奥鲁姆
第一底比斯步兵队	
第一底比斯骑兵步兵队	
第二底比斯步兵队	

●续 表

军团的名字	驻地
第一狄奥多西步兵队	象岛
第一弗拉维亚色雷斯步兵队	瓦迪-哈马马特
第二色雷斯步兵队	穆森
第九萨诺姆步兵队	尼特努
临时运输团	
君士坦丁临时辅助团	
赫蒙托姆临时辅助团	
查士丁尼弓箭手团	赫尔莫波利斯-麦格纳
布科利亚团	
哈德良帕米拉安东尼射手团	
亚历山大护卫舰队	
美塞纳鲁姆执政官护卫舰队	
叙利亚护卫舰队	

【注释】

1 《百官志》是一部记录古罗马文武官员官阶表的作品,原书已佚,1551年的抄本流传至今,是了解罗马帝国后期(公元4世纪末至5世纪初)行政架构的重要历史资料,划分为西罗马帝国、东罗马帝国两大部分。——译者注

附录 2

埃及总督

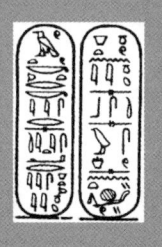

PREFECTS OF EGYPT

名字	担任总督的时间
C. 科尼利厄斯·加卢斯	公元前 30 年
C. 彼得罗尼乌斯[1]	公元前 26 年
埃利厄斯·加卢斯	公元前 25 年
C. 彼得罗尼乌斯	公元前 24 年
P. 鲁布里乌斯·巴巴鲁斯	公元前 13 年
C. 图拉尼乌斯	公元前 7 年
P. 屋大维	公元 1 年
M. 马西墨斯	奥古斯都统治时期
阿奎拉	奥古斯都统治时期
维特拉修斯·波利奥	公元 16 年
C. 加莱里乌斯	公元 21 年
维特拉修斯·波利奥	公元 31 年左右
提图斯·尤里乌斯·西弗勒斯	公元 32 年左右
奥鲁斯·阿维利乌斯·弗拉库斯	公元 32 年到公元 37 年
埃米利乌斯·雷克图斯	提比略统治时期
卢西奥·塞乌斯·斯特拉波	提比略统治时期
纳维乌斯·塞尔托里乌斯·马克罗[2]	卡利古拉统治时期
C. 维特拉斯·波利奥	公元 39 年
卢修斯·埃米利乌斯·利达斯	公元 41 年或公元 42 年
C. 尤里乌斯·波斯图姆斯	公元 47 年左右
卡乌·韦尔吉利乌斯·卡皮托	公元 47 年或公元 48 年
L. 卢修斯	公元 54 年
M. 梅蒂乌斯·莫德斯特斯	克劳狄一世统治时期
提比略·克劳狄乌斯·巴尔比鲁斯	公元 56 年

● 续 表

名字	担任总督的时间
L. 尤里乌斯·维斯蒂努斯	公元 59 年或公元 60 年
卡西纳·塔斯库斯	公元 67 年
提伊·尤里乌斯·亚历山大	公元 68 年
提伊·尤里乌斯·卢普斯	公元 71 年
保利努斯	（保利努斯是提伊·尤里乌斯·卢普斯的继任者）
斯泰提乌斯·阿弗里卡纳斯	公元 82 年
C. 塞普蒂默斯·维吉图斯	公元 86 年
梅蒂乌斯·鲁弗斯[3]	公元 90 年
提图斯·彼得罗尼乌斯·塞昆杜斯	公元 95 年
凯厄斯·庞培·普兰塔	公元 98 年
C. 维比乌斯·马克西姆斯	公元 103 年到公元 104 年
C. 米尼修斯·伊塔卢斯[4]	公元 105 年
C. 苏尔皮修斯·西缪斯	公元 108 年到公元 109 年
M. 鲁蒂利乌斯·卢普斯	公元 115 年或公元 116 年
昆塔斯·马修斯·图尔博[5]	公元 117 年
拉姆缪斯·马夏尔蒂斯	公元 118 年
提图斯·哈特里乌斯·内波斯	公元 121 年到公元 124 年
提图斯·弗拉维乌斯·提安努斯	公元 126 年到公元 131 年
塞克斯·彼得罗尼乌斯·马美提努斯	公元 134 年到公元 135 年
瓦莱里乌斯·尤达蒙	哈德良统治时期
C. 阿维迪乌斯·赫利奥多鲁斯	公元 139 年到公元 143 年
M. 彼得罗尼乌斯·霍诺拉图斯	公元 148 年
卢修斯·穆纳提乌斯·费利克斯	公元 150 年

●续 表

名字	担任总督的时间
马库斯·森普罗尼乌斯·利贝拉里斯[6]	公元154年到公元156年
尤修斯·梅西亚努斯	公元159年左右
卢修斯·瓦莱里乌斯·普罗库鲁斯	安东尼·庇护统治时期
马库斯·安尼乌斯·西利库斯	公元162年或公元163年
多米提乌斯·霍诺拉图斯	公元165年
T.弗拉维乌斯·提安努斯[7]	公元166年
M.巴塞乌斯·鲁弗斯	公元167年左右
C.卡尔维修斯·斯塔蒂亚努斯	公元175年
T.帕图梅乌斯·马格努斯	公元177年到公元180年
弗拉维乌斯·普里森	公元181年
P.马尼乌斯·弗拉维安努斯	公元180年到公元183年
马库斯·奥勒留·帕皮里乌斯·狄奥尼修斯	康茂德统治时期
卢修斯·曼滕纽斯·萨比努斯	公元193年
马库斯·乌尔皮乌斯·普里米亚努斯	公元194年或公元195年
埃米利乌斯·萨图尼努斯	公元197年
梅修斯·莱图斯	公元201年或公元202年
苏巴蒂亚努斯·阿奎拉	公元201年或公元202年
塞普蒂米乌斯·赫拉克勒图斯	公元215年
瓦莱里乌斯·达图斯	公元216年
巴西利亚努斯	公元217年或公元218年
杰米尼乌斯·切斯图	公元219年
梅维乌斯·霍诺里亚努斯	公元232年
*伊迪尼乌斯·朱利安努斯 (*表示该名字部分缺失)	亚历山大·塞维鲁统治时期

●续 表

名字	担任总督的时间
埃帕加图斯	亚历山大·塞维鲁统治时期
阿皮乌斯·萨比努斯	公元 250 年
埃米利安努斯	加里恩努斯统治时期
菲尔姆斯	奥勒良统治时期（此处存疑）
塞勒里努斯	马可·奥勒留统治时期
庞培[8]	公元 302 年左右
库尔恰努斯	公元 303 年
萨特里乌斯·阿里安努斯	公元 307 年
萨比尼亚努斯	公元 323 年
富勒·安东尼乌斯·狄奥多鲁斯	公元 338 年
罗吉尼安努斯	公元 354 年
帕纳修斯	公元 357 年左右
庞波尼乌斯·梅特罗多鲁斯	公元 357 年
阿耳忒弥斯	公元 360 年
埃克迪修斯	公元 362 年
塔蒂亚努斯	公元 365 年或公元 368 年
普布利乌斯	公元 369 年或公元 370 年
塔蒂亚努斯	公元 371 年或公元 373 年
埃利厄斯·帕拉迪乌斯	公元 374 年
塔蒂亚努斯	公元 375 年
哈德良努斯	公元 376 年或公元 377 年
朱利安努斯	公元 380 年
保利努斯	公元 380 年
巴西亚努斯	公元 381 年

●续　表

名字	担任总督的时间
帕拉迪乌斯	公元 382 年
希帕提乌斯	公元 383 年
安东尼努斯	公元 383 年或公元 384 年
弗洛伦蒂乌斯	公元 384 年
保利努斯	公元 385 年
弗洛伦蒂乌斯	公元 386 年
埃提里乌斯	公元 388 年
亚历山大	公元 390 年
埃瓦格里乌斯	公元 391 年
波塔缪斯	公元 392 年
希帕提乌斯	公元 392 年
波塔缪斯	公元 392 年
科勒·塞普蒂米乌斯·尤托皮乌斯	公元 384 年到公元 392 年
沙莫西努斯	公元 395 年
根纳迪乌斯	公元 396 年
雷米吉乌斯	公元 396 年
阿基劳斯	公元 397 年
奥雷斯特斯	公元 415 年
克利奥帕特	公元 435 年
弗洛拉斯	公元 453 年
尤斯塔修斯	公元 501 年
狄奥多西	阿纳斯塔修斯一世统治时期
约翰尼斯	莫里斯一世统治时期
保罗斯	莫里斯一世统治时期

●续 表

名字	担任总督的时间
约翰尼斯	莫里斯一世统治时期
梅纳斯	莫里斯一世统治时期
狄奥多拉斯	公元 639 年

【注释】

1. C.彼得罗尼乌斯两次担任埃及总督,理由参见本书附录4注释十。——原注
2. 纳维乌斯·塞尔托里乌斯·马克罗只是被提名为总督,并未上任。——原注
3. 在皮特里的著作中,两篇发现于科普托斯的铭文有被损坏的文字。大卫·乔治·霍加斯将铭文中被损坏的文字修复,确定写的是梅蒂乌斯·鲁弗斯的名字。根据俄克喜林库斯莎草纸,大卫·乔治·霍加斯修复的文字是正确的。——原注
4. P.迈耶认为,公元105年或公元106年,埃及的总督是一个叫"迪奥斯库鲁斯"的人。他的理由是,迪奥斯库鲁斯的名字和一位建筑师的名字一同出现在一个石墩上,这表明迪奥斯库鲁斯是一个采石场的主人,石墩的原料正是来自那个采石场。但这个理由没有深入讨论的价值。——原注
5. 马修斯·图尔博只是埃及名义上的总督。他被任命为埃及总督,并可能享受总督之位带来的特权。他的官邸在达契亚。——原注
6. P.迈耶认为,M.森普罗尼乌斯·利贝拉里斯在安东尼统治时期被暴徒谋杀。——原注
7. 根据迪奥·卡西乌斯的研究,T.弗拉维乌斯·提安努斯只是一个地方行政官员,没有必要认为他曾担任总督,但人们普遍认为他曾担任过总督。详见附录4注释十五。——原注
8. 根据约翰·彭特兰·马哈菲的研究,在庞培柱上,总督庞培的名字被写成"波西迪乌斯"。——原注

附录 3

吉萨博物馆中的铭文

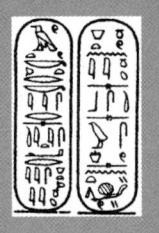

INSCRIPTIONS
IN THE GHIZEH MUSEUM

以下铭文都来自吉萨博物馆，并且大部分铭文都没有出版。有些已经出版，但在期刊中不容易找到，因此我把它们加在这里。这里给出的铭文都是我自己抄录的。

1

这篇铭文来自迪米的一块石碑，石碑上刻有一个羊首人身的浮雕，他代表尼罗波利斯的牧羊人，在崇拜塞贝克。这篇铭文的抄录本被发表在《埃及语言与考古学杂志》[1]第31期第31页图87。

2

通过与下一篇铭文对比，刻有这篇铭文的石碑可能来自库斯，铭文提到罗马皇帝对伊西斯和哈波克拉底[2]的崇拜。

3

刻有这篇铭文的石碑来自库斯，铭文提到皇帝的崇拜。石碑底部刻有一行用古埃及通俗文字写成的铭文。日期：31年7月5日。

4

刻有这篇铭文的是一座尖塔形的石碑，石碑来自迪米。铭文位于石碑底部。日期：50年12月2日。

5

这篇铭文来自法尤姆的一块石灰岩石板，石板被精心切割而成。在铭文的第一行和第八行，"卢修斯"这个名字后面的单词被抹去了。被抹去的单词可能是一个头衔。根据残留的痕迹，被抹去的单词可能是"ἔπαρχος"。除了ἔπαρχος，唯一能够发出这样一份布告的官员就是"行省总督"，但这个头衔对铭文中的空白位置来说太长了。日期：54年4月5日。

6

这篇铭文来自一块边缘破碎的木板，木板的发现地不详。在铭文的第三行，"Domitian"（图密善）这个名字被抹去了。日期：79年至81年之间。

7

这篇铭文来自基波林的一块石碑。日期：108年9月。

8

来自阿斯旺的一块木头，原来是门框的一部分，之后被拆下来重新使用。日期：原始铭文，116年7月；第二块，323年。

9

这篇铭文来自库斯的一块石碑,可与第2篇、第3篇、第11篇铭文对比阅读。日期:149年4月5日(存疑)。

10

这篇铭文来自亚历山大的一个雕像底座。铭文被发表在《埃及研究报告》第22期第77页。日期:158年8月26日。

11

这篇铭文来自库斯的一块石碑,石碑上刻有皇帝崇拜伊西斯的浮雕。可与第2篇、第3篇、第9篇铭文对比阅读。

12

这篇铭文可能来自奥姆博斯的一块石头,它很明显被用作门楣。日期:214年3月4日。

13

这篇铭文来自一块粗略切割的石灰岩。其发现地未知。日期:219年8月13日。

14

这篇铭文来自亚历山大的一块圆形石头，它可能是雕像的底座。日期：256年8月2日。

ΓΡΗΛΙΟC ΚΑΙ ΙΔΩΡΟC
CYN TOIC TEKNOIC K TOIC
ΙΔΙΟΙC ΥΠΕΡ ΕΥΧΑΡΙCΤΙΑC
ΑΝΕΘΗΚΕΝ ΕΠΑΓΑΘΩ
ΕΤΟΥC Γ ΟΥΑΛΕΡΙΑΝΟΥ
Κ ΓΑΛΛΙΗΝΟΥ CΕΒΩ
ΜΕCΟΡΗ Θ

15

这篇铭文刻在发现于阿特里比斯的一个第二十六王朝的祭坛上。日期：374年。

16a

这篇铭文来自西克-阿巴德的一个花岗岩祭坛。铭文的日期大约是2世纪中期。

ΑΝΤΙΝΟΩΙ
ΕΠΙΦΑΝΕΙ
ΦΕΙΔΟC ΑΚΥΛΑC
ΕΠΙCΤΡΑΤΗΓΟC
ΘΗΒΑΙΔΟC

16b

这篇铭文刻在一个祭坛的背面，铭文的日期是公元384年到392年之间。

【注释】

1 《埃及语言与考古学杂志》是最古老的埃及学期刊,涵盖了埃及学的各个领域,包括对古埃及通俗文字、科普特语和麦罗埃文的研究。——译者注
2 哈波克拉底是古希腊神话人物之一,由古埃及神荷鲁斯发展而来,被古埃及人视为每天早晨升起的太阳,因而具有重要意义,后来为古希腊人所承袭。——译者注

附录 4

注释

NOTES

注释一　大法官(Archidikastes)的地位

大法官这个职位存在于托勒密王朝时期。这时期，大法官是巡回法院的主持者。斯特拉波明确指出，托勒密王朝时期，"大法官"一职一直由罗马人担任。同时，他说大法官是亚历山大本地的法官。针对上述对大法官职位描述的矛盾之处，蒙森认为，亚历山大的大法官不同于巡回法院的大法官。另外，"巡回法院大法官"这个职位可能一直存在到罗马帝国统治埃及之前。莎草纸中"原书196页1段13—14行内的希腊语内容"的描述与蒙森的观点一致。

然而，罗马人废除了"巡回法院(chrematistai)"，巡回法院处于总督和"法官(dikaiodotes)"的掌控之下，这使情况变得复杂。总督和"法官"的官位高于罗马的大法官。大法官原来的工作任务是在必要时修改巡回法院法官的决定。结果是，他的任务消失了，因为上级不可能向下级上诉。

在已出版的莎草纸文件中，有几处提到大法官及其职能。对大法官及其职能的简要概述有助于明确大法官在罗马统治埃及时期的地位。提到大法官的莎草纸文件有：

一、大法官给阿尔西诺伊诺姆(Arsinoite nome)赫拉克雷德区(Herakleid division)将军的一封信中包含一份文件，文件的内容未能识别，这封信由其保管人保存在当地档案中。

二、一份关于未成年人监护人管理未成年人财产的诉讼记录，提到孟菲斯的大法官。大法官将该诉讼交给当地将军处理。

三、一份从阿尔西诺伊诺姆卡纳尼斯(Karanis)寄出的文件，文件接收人是大法官。文件内容是两名男人划分其父亲留给他们的财产。

四、一封给大法官的信，信中提到一块土地被卖给写信人。

五、一封由大法官写给阿尔西诺伊诺姆赫拉克雷德区将军的信。信中提到借款尚未偿还，出借人希望获取保存在两地(可能指亚历山大和阿尔西诺伊诺姆)档案室的文件。大法官在信中让将军告知借款人这一事件，这是出借人获得还款的先决条件。之后，大法官将文件副本送到赫拉克雷德区，并命令将军告知借款人，出借人已获取文件。

六、一起诉讼中的文件副本。文件之一是给总督的请愿书，提到关于追偿借款的诉讼。在总督审阅诉讼文件后，原告(一名士兵)向大法官提出申请，指出他由于军事职责而无法到被告居住的地方，因此希望他们被传唤到大法官的所在地。作为必要的初步程序，大法官下令将原告的诉讼文件副本送给被告。原告要求大法官写信给阿尔西诺伊诺姆赫拉克雷德区将军，并附上了诉讼文件副本。

七、一名士兵写给大法官的信，信中提到他知道某些物品的存放处。

八、一封给大法官的信的副本，提到阿尔西诺伊诺姆一笔以财产作为担保的借款，出借人是一名士兵。

以上文件表明，大法官在亚历山大的法院是最方便存放当事人为士兵的协议的地方。因为士兵需要履行军事职责，很容易离开原来与他人签订协议的地方。

九、写给一位男士的信,提到一份在大绿洲中的卡西斯(Kysis)写的遗嘱在亚历山大经大法官审阅。

十、写给一位男士的信,提到向在亚历山大的大法官递交文件,文件涉及大绿洲中的卡西斯某项商业活动的利润转让。

十一、一封信,内容与上一份文件相似。

十二、一份文件,提到希望获取存放在亚历山大档案室的记录。

关于大法官的问题,第一点需要考虑的是,大法官是只在亚历山大办公,还是周游各个诺姆。发现于大绿洲的前三份文件明显表明,大法官只在亚历山大办公,并且除了上面提到的第二份文件,没有其他文件的内容是与以上结论相悖的。然而,需要注意的是,除了在亚历山大,大法官还在孟菲斯审理案件。F.克雷布斯指出,埃及大祭司住在亚历山大和孟菲斯。第五份文件和第六份文件都提到了法尤姆的下辖行政区域,这表明,大法官的法庭也出现在法尤姆附近。法尤姆距离孟菲斯有一天的路程。在第一份文件中,还需注意到一个细节——大法官似乎不了解阿尔西诺伊诺姆的行政区域划分。第一份文件是大法官写给阿基亚斯的信,称阿基亚斯为阿尔西诺伊诺姆的将军,但阿基亚斯是阿尔西诺伊诺姆赫拉克雷德区的将军。如果大法官曾到访赫拉克雷德区,他一定知道阿基亚斯的真实身份,这是不大可能发生的称呼错误。再者,根据第十二份文件的内容,大法官并没有周游各诺姆。总而言之,大法官主要在亚历山大办公，可能会到孟菲斯审理案件。

没有明确证据表明大法官的具体工作职能。大法官似乎具有管理亚历山大档案的权力。亚历山大档案室存放着埃及各地档案室的文件的副本。所有文件都要经大法官过目。上面第三份文件和第四份文件提到的案件相似。

在一些文件中，大法官处理的是民事案件。文件中没有提到总督给予大法官审理这些民事案件的权力。这表明，大法官本来就具有审理这些民事案件的权力。第六份文件中提到的案件由大法官审理，而不是交给总督或巡回法官审理。第六份文件中提到的案件原告希望被告被传唤到大法官所在之处，可能在亚历山大，因为原告是一名士兵，不能前往案件发生地的法院。第五份文件中提到的案件原告居住在阿尔西诺伊诺姆，被告居住在法尤姆。对原告来说，前往亚历山大更加方便，因为存放于阿尔西诺伊诺姆和法尤姆的诉讼文件副本都会存放在亚历山大的档案室。原告也就不用前往法尤姆，将案件卷宗交给巡回法官，还要大费周章回到阿尔西诺伊诺姆补交一些文件。

总的来说，大法官在亚历山大办公。在一些民事案件中，如果原告和被告居住在不同地区，可以申请提交案件给大法官在亚历山大审理。

至于大法官在孟菲斯审理案件的情况，我们必须先搁置，直到发现更多的证据证明大法官为何出现在孟菲斯。第二份文件只提到了官员的记录，该记录包含当时案件的所有细节信息，但未说明大法官为何要在孟菲斯审理这起案件。

注释二 阿尔西诺伊诺姆赫拉克雷德区的将军和皇室书吏

在阿尔西诺伊诺姆赫拉克雷德区发现的莎草纸文件记录了该地区公元2世纪的将军和皇室书吏的名单。下表给出了将军和皇室书吏的名字和任职日期。

●将军及其任职时间

将军	任职日期
奥亚克斯	公元 11 年 11 月 19 日
狄俄尼索多鲁斯[1]	公元 14 年或 15 年
克劳狄乌斯·利萨尼乌斯[2]	公元 54 年 4 月 5 日
G. 尤里乌斯·阿西尼亚努斯[3]	公元 57 年 6 月 15 日
提伊·克劳狄乌斯·阿雷乌斯	公元 99 年 2 月 26 日、101 年 7 月 14 日
阿斯克勒庇俄德	公元 108 年 1 月 9 日
萨拉皮翁	公元 114 年 4 月 1 日
普罗塔克斯	公元 130 年 8 月 22 日
阿基亚斯	公元 135 年 6 月 20 日、136 年 1 月 28 日
维吉图斯·萨拉皮翁	公元 137 年 1 月 29 日
克劳狄乌斯·凯列阿里斯	公元 139 年 2 月 15 日
阿波利纳里斯	公元 141 年 1 月
埃利厄斯·萨拉皮翁	公元 143 年 1 月 31 日、144 年或 145 年
阿奇比乌斯	公元 146 年 1 月 26 日
马克西姆斯·尼尔克斯	公元 146 年 5 月 3 日、146 年或 147 年、147 年 7 月 24 日

●续 表

将军	任职日期
赫拉克雷德斯[4]	公元151年1月30日
狄奥多拉斯	公元159年2月14日
希拉克斯	公元159年或160年、161年1月28日、161年7月28日、162年1月28日
斯特凡努斯	公元163年1月29日
埃利厄斯·尤达蒙	公元169年8月10日之前
塞利纳斯[5]	公元169年8月10日、公元169年11月26日
亚历山大[6]	公元170年4月11日
萨拉皮翁	公元170年10月3日
波塔蒙	公元173年或174年、174年11月26日、174年或175年、175年8月
弗拉维乌斯·阿波罗尼乌斯	公元177年10月28日、179年1月到2月
阿波罗尼乌斯	公元184年5月26日
托勒密	公元180年到193年之间
亚蒙尼	公元188年或189年
迪奥斯科鲁斯	公元190年8月17日
迪迪姆斯	公元191年2月22日
阿耳忒弥陀罗	公元193年5月19日、194年7月26日
菲洛克斯[7]	公元194年9月17日
希拉克斯·涅墨斯昂	公元194年到198年之间
德米特里厄斯	公元199年3月7日、199年10月10日、200年6月25日、202年2月25日
阿加索斯·达蒙	公元202年4月21日、202年或203年、203年6月23日、203年10月6日

● 续 表

将军	任职日期
狄奥尼修斯	公元 207 年 11 月 10 日、207 年或 208 年
阿波罗芬斯·萨拉帕蒙	公元 209 年 1 月 23 日
阿乌尔·希拉克斯·亚蒙尼	公元 213 年 5 月到 6 月
阿乌尔·狄奥尼修斯	公元 216 年 11 月 7 日、216 年或 217 年、217 年 2 月 24 日、217 年 4 月 7 日
阿乌尔·迪迪姆斯	公元 222 年 10 月 8 日、225 年 4 月到 5 月、225 年 5 月到 6 月
阿乌尔·赫拉克雷德斯	公元 257 年到 261 年

●皇室书吏及其任职日期

皇室书吏	任职日期
阿斯克勒庇俄德	公元 11 年 11 月 19 日
伊万杰勒斯	公元 76 年之前
克劳狄乌斯·朱利安	公元 101 年 7 月 14 日、101 年 12 月 21 日
赫米努斯	公元 137 年 1 月 29 日、138 年 7 月
萨拉皮翁	公元 141 年 1 月、141 年 1 月 30 日、142 年 6 月到 7 月、143 年 1 月到 2 月、144 年 1 月 31 日、144 年或 145 年
赫拉克雷德斯	公元 146 年 1 月 28 日、147 年 7 月 24 日、151 年 1 月 30 日
提马涅	公元 159 年 2 月 14 日、159 年或 160 年、161 年 7 月 28 日、162 年 1 月 28 日
佐伊鲁斯	公元 162 年、163 年 1 月 29 日
塞利纳斯	公元 169 年 8 月 10 日、169 年 11 月 26 日
阿斯克勒庇俄德	公元 174 年 11 月 26 日、174 年或 175 年、175 年 8 月、175 年或 176 年

●续表

皇室书吏	任职日期
阿波罗尼乌斯	公元179年1月
哈珀卡拉提·希拉克斯	公元188年或189年、189年5月到6月、189年8月20日、189年8月28日、193年
卡纳普斯·阿斯克勒庇俄德	公元202年2月25日、202年或203年、203年4月21日
萨拉帕蒙	公元208年6月到7月
莫尼姆斯·格梅勒斯	公元212年10月27日
阿乌尔·伊西多鲁斯·奥里根	公元216年或217年
阿乌尔·卡西乌斯·狄奥尼修斯	公元218年

注释三 官员职位空缺期间的职能委派

在一些莎草纸文件中，偶尔会看到一个短语，虽然P.迈耶指出了这个短语的大多数用法，但其确切含义并没有确定下来。在不同的时期，有几个人物被称为"$διαδεχόμενοι\ τὴν\ στρατηγίαν$"。在一份莎草纸文件中，大法官被称为"$διαδεχόμενος\ καὶ\ τὰ\ κατὰ\ τὴν\ διαδεχόμενος$"。通过回顾已发现的莎草纸文件，可以发现"$ἡγεμονίαν$"这个单词并不是指当选将军（strategos-elect）或当选总督（prefect-elect），尽管它通常是这么用的，而是有着特殊的意义。

●总督

一、写给大法官C.卡西利乌斯·萨尔维安努斯的一封请愿信。信中称呼他为"$διαδεχόμενος\ καὶ\ τὰ\ κατὰ\ τὴν\ ἡγεμονίαν$"，并且提到关于176年4月1日一处遗产的处理问题。

在请求信中提到的这个时间点,埃及的政府的情况是特殊的。根据迪奥·卡西乌斯,此时埃及总督是弗拉维乌斯·卡尔维修斯。但在亚历山大的一篇铭文中,弗拉维乌斯·卡尔维修斯被称为"C.卡尔维修斯·斯塔蒂亚努斯"。铭文指出,C.卡尔维修斯·斯塔蒂亚努斯加入了阿维迪乌斯·卡西乌斯的叛军。公元176年,叛军被罗马帝国皇帝马可·奥勒留镇压。作为惩罚,C.卡尔维修斯·斯塔蒂亚努斯被夺职。马可·奥勒留可能一时间未能找到合适的人选担任埃及总督。因此,埃及总督的职能只能委派给二把手,即大法官。这是特殊的情况,因为每一任埃及总督都会完成任期,直到下一任总督来到亚历山大。根据P.迈耶的研究,可以推测,埃及总督之位之所以空缺,是因为当时罗马皇帝马可·奥勒留就在埃及,这使任命总督代表马可·奥勒留治理埃及的行为多此一举。

●将军

二、参加祷告仪式(liturgies)的男子名单。宣布进行祷告仪式的是阿尔西诺伊诺姆赫拉克雷德区的皇室书吏塞利纳斯。名单中塞利纳斯被称为"$\delta\iota\alpha\delta\varepsilon\chi\acute{o}\mu\varepsilon\nu o\varsigma\ \tau\grave{\alpha}\ \kappa\alpha\tau\grave{\alpha}\ \tau\grave{\eta}\nu\ \sigma\tau\rho\alpha\tau\eta\gamma\acute{\iota}\alpha\nu$",上面标记的日期是公元169年8月10日。

三、一份莎草纸文件提到一个祭司想要他的儿子割包皮,这给祭司和皇室书吏的亲戚关系提供了证据。该文件中皇室书吏被称为"$\delta\iota\alpha\delta\varepsilon\chi\acute{o}\mu\varepsilon\nu o\varsigma\ \tau\grave{\eta}\nu\ \sigma\tau\rho\alpha\tau\eta\gamma\acute{\iota}\alpha\nu$"。

四、写给大法官的请求书,提到已故的赫拉克雷德区将军埃利厄斯·尤达蒙同意将存在争议的财产给予原告。但此案件的被告"ἐπιγνοῦσα τὴν τοῦ Εὐδαίμονος ἔξοδον"并没有转交财产给原告。因此该案件由大法官处理。大法官命令将该案交给皇室书吏处理。皇室书吏被称为"διαδεχόμενος τὰ κατὰ τὴν στρατηγίαν"。皇室书吏处理了该案件。这里提到的皇室书吏是塞利纳斯，标记的时间是公元169年11月26日。

五、征税官写给蒂米斯托斯区和波利门区将军菲洛克斯及赫拉克雷德区"διαδεχόμενος καὶ (τὰ) κατὰ τὴν στρατηγίαν"的回信，上面标记的日期是公元194年9月17日。

六、赫拉克雷德区将军塞拉皮翁写的一封信。萨拉皮翁被称为"διὰ Ἀλεξάνδρου γυμνασιάρχου διαδεχομένου τὴν στρατηγίαν"。写信的日期是公元170年4月11日，萨拉皮翁写信的时候，大祭司在他旁边。

七、一封回信，信中提及骆驼的数量，收信人是皇室书吏赫拉克雷德斯。赫拉克雷德斯被称为"διαδεχόμενος τὴν στρατηγίαν"。写信的日期是公元151年1月30日。

八、征粮官写的回信，收信人是赫拉克雷德区的皇室书吏奥勒留·伊西多鲁斯。他被称为"διαδεχόμενος τὰ κατὰ τὴν στρατηγίαν"。写信的日期是公元126年7月。

九、写给赫拉克雷德区将军希拉克斯·涅墨斯昂的请愿书。他被称为"δι' Ἀνυβίωνος ἀγορανομήσαντος γυμνασιαρχήσαντος διαδεχομένου τὴν στρατηγίαν"。写信的日期大约是公元194年。

十、一个女人的请愿信，收信人是马西墨斯。马西墨斯是俄克喜林库斯的一个祭司、解经学者(exegetes)和元老院议员。女人在信中说情况紧急，由于皇室书吏不在当地，请求马西墨斯尽快下令让一个男人做她的保护人，以便立即追回欠款。信中，皇室书吏被称为"$\diadechomenos\ ten\ strategian$"。写信的日期是公元211年10月27日。

十一、写给西鲁斯的一封信。实际上，西鲁斯是俄克喜林库斯的"$\diadechomenos\ strateg-\ gian$"。信中提及将谷物装船。写信的时间是公元3世纪。

从以上十份莎草纸文件中，可以看到，其中一份文件提到蒂米斯托斯区的将军和波利门区的将军，六份文件提到赫拉克雷德区的皇室书吏，两份文件提到其他职位较低的官员，一份文件提到的官员的级别不明。因此，可以得出，并不一定要设置"$\diadechesthai\ ten\ strategian$"这个职位，并且这个职位一般处于将军和皇室书吏之下。提到这个职位的莎草纸文件有：

十二、俄克喜林库斯地方政府写给奥勒留·阿波罗尼乌斯将军的信。送信人是奥勒留·阿斯克勒庇俄斯。

三份收藏在柏林博物馆的莎草纸文件（编号18、编号168、编号347）提到发生在俄克喜林库斯的事件。基于这些莎草纸文件，可见将军和"$\diadechomenoi$"的关系。一封信是亚历山大在公元169年10月3日写的，信中提到亚历山大的职务是前运动员教练。而在公元170年4月11日的一封信中，亚历山大的职务是运动员教练。首先要指出的是，这些信的时间肯定是错误的。因为一般来说，同一个人不会两度担任运动员教练。比较合理的推断是，第一封信的日期是错误的，正确日期应该是公元170年10月3日，是在亚历山大辞去运动员教练一职后不久。如果第一封信的日期是公元170年10月3日，写给大祭司并在大祭司到访孟菲斯时送达大祭司手中的信只花了三个月的时间。但如果信的日期是对的，写信和收信的时间相隔为十五个月。大祭司每年都会至少到访孟菲斯一次，而信的内容是关于一个男孩割包皮的事情，因此这封信不可能隔了这么久才送到大祭司手中。

假设第一封信的日期可以像我们前面所说明的那样改正，那么重建赫拉克雷德区将军的职责在公元169年至170年之间发生的变化就是可能的。

埃利厄斯·尤达蒙曾担任赫拉克雷德区的将军，但他在公元169年8月10日之前去世。公元169年8月10日，皇室书吏萨利纳斯担任将军，一直到公元169年11月26日。但公元170年4月11日，萨拉皮翁被任命为将军。然而，运动员教练亚历山大写了一封信给萨拉皮翁，称他为"$\delta\iota\alpha\delta\epsilon\chi\delta\mu\epsilon\nu\sigma\varsigma$"。公元170年10月3日，亚历山大又写了一封信给萨拉皮翁。但在这封信中，他没有称呼萨拉皮翁为"$\delta\iota\alpha\delta\epsilon\chi\delta\mu\epsilon\nu\sigma\varsigma\ \tau\grave{\eta}\nu\ \sigma\tau\rho\alpha\tau\eta\gamma\acute{\iota}\alpha\nu$"。由此可见，将军去世后，皇室书吏承担了已故将军的工作，直到新将军到任。但由于某种原因，新将军不能马上就职，因此需要一个高级官员来暂时兼任将军一职。等到新任将军就职后，之前暂居将军之位的官员继续从旁协助新任将军工作。

当"$\delta\iota\alpha\delta\epsilon\chi\delta\mu\epsilon\nu\sigma\varsigma$"这个词语被用来指暂代将军一职的皇室书吏时，这个词语有着不同的含义。在一份莎草纸文件中，一位皇室书吏被称为"$\delta\iota\alpha\delta\epsilon\chi\delta\mu\epsilon\nu\sigma\varsigma\ \tau\grave{\eta}\nu\ \sigma\tau\rho\alpha\tau\eta\gamma\acute{\iota}\alpha\nu$"，但此时将军一职有人担任。在一些莎草纸文件中，提到一些低级官员的时候，将军一职也是有

人担任的。在将军之位空缺时，将军的职能被委派给皇室书吏。同样，在总督之位空缺时，总督的职能被委派给大法官。这一点我们在前文已讨论过。可以看出，在将军之位空缺时，皇室书吏拥有原属于将军的所有权力：他可以担任法官、提名参加祈祷仪式的人员，以及获得纳税收入。因此，在将军之位临时空缺时，皇室书吏通常可以履行将军的全部职能。而在一份莎草纸文件中，在某个区的将军之位空缺时，由相邻区的将军暂代该区的将军，这种情况是非常特殊的。

一些莎草纸文件中提到的"$διαδεχόμενοι$"的地位十分不同。他们只负责接收和寄出将军的信。从第六封信和第十封信中可见"$διαδεχόμενοι$"的地位。在这两封信中，运动员教练亚历山大在不同的时间代表将军萨拉皮翁写信，两封信的主题基本是一样的。但在一封信中，亚历山大被称为"$διαδεχόμενος\ τὴν\ στρατηγίαν$"。而在另一封信中，亚历山大没有类似的称呼。在一些情况下，亚历山大可以履行将军的一些职能，这一点可见于俄克喜林库斯莎草纸。在俄克喜林库斯莎草纸中，一个官员被要求处罚一个卫兵，这通常是将军的权力。因为情况紧急，而皇室书吏——也被称为"$διαδεχόμενος\ την\ στρατηγίαν$"——并不在当地。因此，如果将军不在区内，他可以任命某位官员来履行他的部分日常职责，而这位官员在此期间可被称为"$διαδεχόμενος\ τὴν\ στρατηγίαν\ or\ διάδοχος.$"。

在一些莎草纸文件中，一些官职也可以被人暂代，但只是在官员不在当地时，将部分权力委派给其他官员。只有在官职出现空缺，官员去世且新任官员无法立即就职的情况下，才能出现将全部权力委派给其他官员的情况。

注释四 契约登记处

L.米特斯讨论了以法尤姆莎草纸为例的登记方法。他指出，营造官 (agoranomos) 这个官职来自希腊。根据传统，希腊人在制订契约时，需要营造官在场见证。办公室 (grapheion)——希腊语为"γραφεῖον"——的主要任务是登记埃及人签订的契约，尤其是那些以通俗体文字写成的契约。随着时间的流逝，希腊的营造官和埃及的办公室之间的区别越来越小，两者并存。但它们还是有一些不同之处：营造官作为双方签订契约的公证人，办公室作为契约签订的地点，同时是契约撰写的地点，有时还是私下签署的契约的登记处。

上述说明和法尤姆莎草纸记录的内容一致，但在俄克喜林库斯发现的莎草纸展示出该地区契约登记的不同做法。根据俄克喜林库斯莎草纸，营造官是最重要的契约见证人，而办公室并没有出现在莎草纸文件中。所有关于土地转让或出售的契约都必须交给营造官。契约必须在营造官面前或在他们的办公室内签署。当契约签订后，契约由营造官保管。关于购买奴隶的契约，相关手续也由营造官处理。

收藏于维也纳的莎草纸契约没有提到办公室。在象岛发现的一份买卖契约提到，该契约是在营造官的面前起草的。

因此，根据现有的莎草纸文件，可以得出，办公室是阿尔西诺伊诺姆特有的一个政府办事地点。它减轻了营造官的许多任务，包括宣布契约生效和登记契约。"grapheion"这个词出现在俄克喜林库斯莎草纸中，但它指的是一种税。

注释五 治安管理部门

莎草纸文件显示，大量官员都具有治安管理的职能。基于发现于帕诺波利斯、现藏于巴黎的一份莎草纸文件，赫希菲尔德先生将官员进行了分类。莎草纸中提道：

(a) 两个"$εἰρηνοφύλακες$"；

(b) 三个"$ἐπὶ τῆς εἰρήνης$"；

(c) 两个"$ἀρχινυκτοφύλακες$"；

(d) 至少八个"$φύλακες αὐτῶν$"；

(e) 十多个"$ἐπὶ τῆς εἰρήνης$"；

(f) 两个"$ἀρχινυκτοφύλακες$"；

(g) 八个"$φύλακες αὐτῶν$"；

(h) 四个"$πεδιοφύλακες$"；

(i) 几个"$ὀρεοφύλακες ὁδοῦ Οασέως$"；

(j) 几个"$ἰδιο(φύλακες)$"。

赫希菲尔德将这些官员分为三类：第一类是(a)(b)(e)和(f)提到的官员；第二类是(c)(d)和(g)提到的官员；第三类是(h)(i)和(j)提到的官员。这些官员都是埃及人，年龄在三十岁到三十五岁之间，除了一个官员是四十八岁，还有两个治安官分别是六十岁和八十五岁。

一些莎草纸文件的内容似乎和上述分类不一致,尽管现在还不能确定许多官员的类别。通过对比莎草纸文件的内容,可以得出以下结论:

"Εἰρηνάρχαι":在帕诺波利斯和俄克喜林库斯发现的莎草纸都提到了这种官员,法尤姆狄俄尼西亚斯的弗拉维乌斯·阿宾纳乌斯的信中也提到了一名治安官。俄克喜林库斯莎草纸提到的官员是治安长官,负责整个诺姆的执法工作。莎草纸中还包含一份誓词,誓词的接收人是治安长官,发出誓词的是一个村庄的"archephodos"。誓词中说"赫尔莫波利特诺姆阿尔门泰村的治安大队通缉的人并不在该村"。

"Ἀρχέφοδοι":在维持秩序方面,这些官员是最常被提及的。每个村庄都有一或两个"archephodoi",没有莎草纸文件提到一个村庄有超过两个"archephodoi"。他们的主要工作是使罪犯出庭受审,尤其是在罗马统治埃及的前三个世纪,但有时其他官员也会参与这项工作。他们还负责追捕罪犯。他们的官阶高于"phylakes","phylakes"的薪水从"archephodoi"处领取。"archephodoi"是村庄治安大队的队长。

"Πρεσβύτεροι":长老不是治安官员,但在两份莎草纸文件提到的治安官员列表中,长老和"archephodoi""phylakes"一同出现。在一份莎草纸中,长老和"archephodoi"一同接收命令,将罪犯送上法庭。长老作为村庄的管理人员,一般负责维护村庄的安宁与秩序,这就是在莎草纸中他们与治安官员同时出现的原因。

"*Εὐσχήμονες.*"：同样的解释也适用于"euschemones"。"euschemones"和"archephodoi"一同负责执行抓捕罪犯的命令。"euschemones"和长老一样，并不是严格意义上的治安官员。

"*Εἰρηνοφύλακες.*"：帕诺波利斯名单中提到了"eirenophylakes"，在官阶上它可能和"archephodoi"相同。在索克诺帕伊乌-内索斯发现的一份官员名单中，列有两位"archephodos"和两位"eirenophylakes"的名字，他们的名字后面的数字都是六百德拉克马。根据F. G. 凯尼恩的研究，这个数字代表这些官员的工资。

"*Φύλακες.*"：逮捕罪犯的体力劳动是由"phylakes"完成的。在上文提到的帕诺波利斯莎草纸中，根据各人的特殊职责，"phylakes"被划分为不同类别。在帕诺波利斯莎草纸中，只有一个官职"*πεδιοφύλαξ*"也出现在其他莎草纸中。这个官职要求由年轻男子担任，这与帕诺波利斯莎草纸名单上出现的官员年龄一致。根据索克诺帕伊乌-内索斯莎草纸，这个官职的工资是三百德拉克马，并且一个村庄里有四个"*πεδιοφύλαξ*"。俄克喜林库斯莎草纸中有一处有趣的记录，给出了俄克喜林库斯镇"phylakes"的名字和驻地：其中一个负责在街上逮捕罪犯，另外六个守卫萨拉匹斯神殿，七个守卫托里斯[8]神殿，一个守卫伊西斯神殿，三个守卫剧院，两个守卫竞技馆。

"*Λῃστοπιασταί.*"：根据莎草纸文件，五个"lestopiastai"被派

去协助村庄官员搜捕罪犯。"lestopiastai"很可能是从首都调来地方执行特别任务的,因为在莎草纸文件中,这些官员和其他地方官员是被分开说明的。

"Δημόσιοι.":一个村庄的治安官员有时被称为"demosioi"。"demosioi"指"κώμης ἀρχέφοδος καὶ οἱ ἄλλοι δημόσιοι"这个短语包含的所有官员。根据一份莎草纸文件中的官员名单,"demosioi"包括长老、"archephodoi"和"phylakes"。

"Κωμάρχαι.":4世纪初已出现"archephodoi"这个官职,负责执行"komarchs"下发的逮捕命令。

"Ἐπιστάτης εἰρήνης":在一份莎草纸文件中,这位官员的名字和"komarchs"列在一起。

注释六 埃及的元老院

根据迪奥·卡修斯的记载,奥古斯都废除了由元老院对亚历山大实行自治的特权。蒙森对卡修斯的这个说法表示怀疑,因为在埃及其他地区,奥古斯都保留了"元老院"这个组织。而与这些地区相比,奥古斯都不太可能如此轻视亚历山大。但亚历山大的地位与埃及其他城镇截然不同。托勒迈斯或瑙克拉提斯的元老院不可能对罗马政府构成任何严重的威胁。在托勒迈斯或瑙克拉提斯,居民可能都是第一批希腊定居者的后裔。为了维护自己的利益,他们与罗马人保持良好的关系。他们的周围生活着另一个不同种族的人。这个种族的人本能地敌视生活在他们周围、享有特权的希腊人。即使托勒迈斯或瑙克拉提斯的元老院想要发动叛乱，也只控制着少数没有巨额财富的居民。但在亚历山大，希腊人和埃及人已经在很大程度上融合了。亚历山大有大量的人口，叛乱频繁是出了名的。亚历山大元老院如果想要发动叛乱，可以找到一批支持者。造反者足以与罗马驻军抗衡，并有可能取得成功，进而占领这座城市。对罗马人来说，失去亚历山大意味着失去埃及。亚历山大不仅是政治中心，也是罗马援军进入埃及的唯一港口。这里也储存着罗马城居民赖以生存的谷物。因此，最重要的是，亚历山大不存在一个可能成为起义中心的机构。奥古斯都不会因为考虑到亚历山大居民的感情而动摇，这一点可以从他提议将政府所在地从亚历山大移到尼科波利斯来看出来。西弗勒斯重建亚历山大元老院后不久，亚历山大元老院就领导了一场起义，这场起义最终被奥勒良镇压。由此可见奥古斯都废除亚历山大元老院的智慧。

根据斯特拉波的记载，托勒迈斯的元老院只存在于罗马帝国统治埃及初期。他指出，这里有一个"$\sigma\acute{\upsilon}\sigma\tau\eta\mu\alpha\ \pi o\lambda\iota\tau\iota\kappa\grave{o}\nu\ \grave{\epsilon}\nu\ \tau\tilde{\omega}\ \dot{E}\lambda\lambda\eta\nu\iota\kappa\tilde{\omega}\ \tau\rho\acute{o}\pi\omega$"，这说明存在"元老院"这个组织。

在瑙克拉提斯，元老院同样只存在于罗马帝国统治埃及初期。不过，如果托勒迈斯继续设立元老院，没有理由废除瑙克拉提斯的元老院。根据迪奥·卡修斯的记载，可以推断在罗马帝国统治埃及后期，托勒迈斯继续设立了元老院。公元323年，瑙克拉提斯肯定设有元老院。

安蒂诺波利斯城建立后不久，就设立了元老院。毫无疑问，从安蒂诺波利斯建城以来，该城的元老院一直存在。

根据莎草纸文件，提及其他城镇元老院的时间点有：阿尔西诺的元老院出现在公元205年、214年、216年和345年；赫拉克利奥波利斯的元老院出现在公元216年和263年；赫尔莫波利斯的元老院出现在公元250年、266年、271年、321年、322年和330年；俄克喜林库斯的元老院出现在公元211年、223年、238年、244年、283年、292年、316年、323年和342年；公元288年的一项公告提到了赫塔诺米斯诺姆和阿尔西诺伊诺姆等多个诺姆的元老院。

注释七　底比斯的执政官

阿尔弗雷德·维德曼提出，公元2世纪，提拜德地区有独立行使统治权的国王。他提出了支撑自己观点的证据——在一块陶片上发现了"彼得罗尼乌斯 (Petronius)"这个名字。这个名字和罗马皇帝的名字相同。陶片上还刻有彼得罗尼乌斯的统治年份。

很难想象，一个提拜德王国曾经存在过，却既没有被历史学家提及，也没有在上埃及的铭文中被提到。假设阿尔弗雷德·维德曼误读了陶片上的信息，这似乎更合理。

阿尔弗雷德·维德曼还提出了另一个证据，另一块陶片上的文字记录是来自"Κλαυδιος Ποσιδωνιος Χεπειρης Βθρακων"的一封信。他认为，"Κλαυδιος Ποσιδωνιος Χεπειρης Βθρακων"中的"X（意思是'在'）"和

"β（构成属格的前缀）"是受到埃塞俄比亚语–麦罗埃文[9]的影响。

" Κλανδιος Ποσιδωνιος Χετειρης Βθρακων' "正确的拼写毫无疑问应该是：" X (= ἑκατόνταρχος) σπείρης β' θράκων "。遗迹上的文字确实提到了底比斯的"国王"。但提拜德地区绝对没有在康茂德统治时期独立，并且所谓的"国王"无疑是哈德良统治时期底比斯的执政官之一。

注释八 埃及公爵(Dux Aegypti)和拜占庭帝国的其他官员

F. G. 凯尼恩[10]指出，《百官志》中记录，在君士坦提乌斯二世统治时期之后，埃及中部和埃及北部出现了提拜德公爵（dux Thebaidis）和利比亚公爵（dux Libyarum）。根据公元4世纪上半叶的文件，埃及中部和北部的最高军事长官是公爵（dux）。卢克索神殿祭坛上的铭文证实了这一点。这个祭坛由埃及公爵，即提拜德和利比亚的军师（utrarumque），献给君士坦丁。这表明埃及行省的各个地区都设立了拥有最高权力的军师，但他们都隶属于一个指挥官。这个指挥官的头衔是公爵。

公元384年，梅罗瓦乌德斯被称为"埃及公爵"。利比亚公爵的名字出现在公元417年的一份法令中。

值得注意的是，从"埃及总督（praefectus Aegypti）"到"奥古斯都的总督（praefectus Augustalis）"称呼的变化几乎是在同一时间发生的。在公元380年的一份法令中，尤利安被称为"埃及总督"。在公元380年前的所有文件中，埃及的最高统治者都被称为"埃及总督"。但在公元382年，帕拉第奥被称为"奥古斯都的总督"，这个称呼之后一直被沿用。

注释九　埃及古今地方政府之比较

在欧洲思想引入之前，埃及的地方政府体系与罗马政府体系相比，有一些比较有趣的不同点。克洛特·贝给出了穆罕默德-阿里统治下关于官员的描述，从中总结如下：

在瓦利 (Vali) 之下有七位穆迪尔 (mudirs)。七位穆迪尔管理埃及的七个省 (provinces)。在穆迪尔之下是马穆尔 (mamours)，管理该省的各部门 (departments)。部门之下的地区 (districts) 由纳齐尔 (nazirs) 管理。每个村庄的头目是谢赫贝莱德 (sheik-el-beled)。

穆迪尔的职责与大将军 (epistrategos) 的职责一致。穆迪尔要走访省内各部门，并确保瓦利的命令被执行下去，就像大将军在诺姆内巡视时做的那样。

马穆尔主要负责农业发展和处理税收问题，特别是以实物支付的税收。他还负责监督公共工程，负责招募人员参与工程建造和服兵役。这样看来，马穆尔很像罗马的托帕 (toparch)。而马穆尔的其他职能使他看起来更像是将军 (strategos)。

纳齐尔继承了将军的其他职能，包括安排他所在地区的工作和执行上级授予的权力。

村庄的头目是谢赫贝莱德。作为一个小治安官，他有一定的权力，负责村里的税收。

每个村庄都有一个特别的官员，被称为科里 (kholy)，负责管理土地的耕种。因此科里相当于西托洛戈斯（sitologos）。塞拉夫（seraf）和普拉托（praktor）一样，负责收税，并把税交给马穆尔，就像普拉托将税收交给将军一样。

有趣的是，穆迪尔一职总是由土耳其人担任，就像大将军一职总是由罗马人担任一样。而马穆尔和其他下级官职，就像罗马时代的同等官职一样，通常由埃及本地人担任。

注释十 彼得罗尼乌斯两度担任总督

似乎有必要假设，在埃利厄斯·加卢斯远征阿拉比亚失败后，彼得罗尼乌斯被重新任命为埃及行省的总督。根据斯特拉波的记载，很明显，彼得罗尼乌斯的上一任总督是科尼利厄斯·加卢斯，彼得罗尼乌斯的下一任总督是埃利厄斯·加卢斯。然后，当埃利厄斯·加卢斯在阿拉比亚的时候，埃塞俄比亚人利用罗马军队不在埃及的机会，入侵埃及。彼得罗尼乌斯率领军队将埃塞俄比亚人赶出埃及边境，随后他一路打到埃塞俄比亚首都。

普林尼明确表示，彼得罗尼乌斯是作为埃及总督远征埃塞俄比亚的。因此，埃利厄斯·加卢斯在阿拉比亚战败的消息一传到罗马，他就被撤职了，而彼得罗尼乌斯很可能当时被留在埃及做指挥官，并被重新任命为总督。

注释十一 罗马帝国早期的货币制度

亚历山大造币厂铸造的奥古斯都和提比略的钱币比较少见,卡利古拉的钱币则至今未见。

在埃及发现的大量钱币,通常都是由商人转到与他们交易的居民手中的,这种方式使人们无法对不同皇帝统治时期的货币流通数量进行精确的比较。1895年到1896年,大卫·乔治·霍加斯和伯纳德·派尔·格伦费尔代表埃及探险基金会在法尤姆挖掘遗址时,发现了三个大小不同的钱币堆,其中两个发现于巴基亚斯,分别有四千六百零五枚钱币和六十二枚钱币,一个发现于卡拉尼斯,有九十一枚钱币。这些钱币都完好无损地交给我检查。以下表格将说明罗马帝国在埃及统治的前一个半世纪的钱币流通数量。通过这些钱币的状况,我们可以假设,它们大约是在同一时期被收集起来的,而不是逐渐囤积起来的,因为发行时间最久远的钱币是磨损最严重的。表格中的数字表示不同时期的钱币流通数量。

钱币所属时期	发现于巴基亚斯的第一个钱币堆中各时期钱币的数量	发现于巴基亚斯的第二个钱币堆中各时期钱币的数量	发现于卡拉尼斯的钱币堆中各时期钱币的数量
托勒密王朝时期	2	0	0
克劳狄统治时期	359	5	3
尼禄统治时期	2947	44	49
加尔巴统治时期	190	2	2
奥托统治时期	54	1	0

● 续 表

钱币所属时期	发现于巴基亚斯的第一个钱币堆中各时期钱币的数量	发现于巴基亚斯的第二个钱币堆中各时期钱币的数量	发现于卡拉尼斯的钱币堆中各时期钱币的数量
奥托统治时期	54	1	0
维特里乌斯统治时期	19	0	0
韦斯帕芗统治时期	237	6	4
提图斯统治时期	30	0	0
图密善统治时期	1	0	0
涅尔瓦统治时期	22	0	0
图拉真统治时期	89	1	4
哈德良统治时期	560	3	18
萨宾娜时期	6	0	0
埃利厄斯统治时期	5	0	0
安东尼·庇护统治时期	75	0	7
马可·奥勒留统治时期	8	0	2
卢修斯·维鲁斯统治时期	1	0	2

除了一个托勒密王朝时期的铜币和一个安东尼·庇护时期的铜币，表上列出的其他钱币都是亚历山大造币厂铸造的四德拉克马银币。

注释十二 亚历山大的哈德良神殿

描述亚历山大的哈德良建筑有一定的困难。在哈德良的钱币上刻有一个柱廊，里面立着萨拉匹斯的雕像，这肯定是萨拉匹斯神殿。哈德良站在萨拉匹斯雕像旁边，右手抚摸着一个神龛，神龛上刻着"ΑΔΡIANON"。这可能表明哈德良将萨拉匹斯神殿旁边的一个礼堂命名为"哈德良神殿"。这个神龛可能在哈德良统治时期之前就已存在，因为在图拉真时期的钱币上，刻有一个类似的神龛，神龛外面有一个柱廊，柱廊里有萨拉匹斯的雕像，但神龛上没有铭文。不过，雷金纳德·斯图尔特·普尔指出，礼堂和萨拉匹斯神殿的关系不可能很密切，埃皮法尼乌斯提到，这座建筑以前被称为"哈德良神殿"，后来被称为"利西尼安竞技馆"，在君士坦丁二世时期重建为教堂。由于对萨拉匹斯的崇拜直到狄奥多西一世时期才结束，所以在君士坦丁大帝统治时期，将附属于萨拉匹斯神殿的小礼堂用作基督教堂是不可能的。

然而，最近发现的两份文件提供的证据或许可以解决这个难题。在俄克喜林库斯的莎草纸中，包含着一份关于在亚历山大的"$Ἀδριανὴ\ βιβλιοθήκη$"存放档案副本的法令。由于萨拉匹斯神殿是亚历山大图书馆所在地，自然会有一个附属的小礼堂用来存放档案。哈德良时期钱币上的建筑可能是哈德良图书馆。

亚历山大博物馆还保存着一份铭文。一份长长的地方官员名单有三次提到哈德良神殿的大祭司。哈德良神殿一定是用来崇拜哈德良的神殿，关于神化哈德良的铭文与神化安东尼·庇护、图拉真的铭文相同，他们也各自有一个大祭司。哈德良神殿自然是最早被基督教徒占用的神殿之一，因为它不像萨拉匹斯神殿或其他古老神灵的神殿那样具有神圣的力量来保护。对哈德良的崇拜在李锡尼统治时期就已经结束了，这座建筑变成了一个更适合亚历山大居民使用的竞技馆。

因此，我们可以合理地推测，钱币上的哈德良神殿是提蒂亚努斯法令中提到的哈德良图书馆，是萨拉匹斯神殿的附属礼堂。而根据埃皮法尼乌斯的说法，在君士坦丁二世时期变成教堂的是哈德良神殿，神殿祭司的名字出现在发现于亚历山大的铭文中。

注释十三 安提诺乌斯之死

关于安提诺乌斯之死，有许多未解之谜。解说这起事件的文献都较晚，最接近当代证据的是迪奥·卡修斯提出的。迪奥·卡修斯引用了哈德良的一句话，说安提诺乌斯掉进了尼罗河。同时，他提出了自己的看法，认为安提诺乌斯是自愿献出生命的。斐迪南·格雷戈罗维乌斯指出，埃及的祭司们声称在星象中发现了某种威胁皇帝的灾祸，只有皇帝最爱之人死亡才能使皇帝免于遭受灾祸。因此，安提诺乌斯献出生命，以便拯救主人。他得到承诺，自己死后将接受被神化的荣耀。这一看法与哈德良统治时期埃及宗教的精神并不矛盾。但安提诺乌斯之死并非偶然。哈德良为了掩盖失去心爱之人的悲痛，也为了证明他建造一座纪念安提诺乌斯的城是正确的，可能会支持安提诺乌斯自我牺牲的故事。然而，将安提诺乌斯自我牺牲的故事和发现于巴基亚斯的一份莎草纸的内容相对比，或许是一件有趣的事情。该莎草纸是由大卫·乔治·霍加斯和伯纳德·派尔·格伦费尔在1896年发现的，并在发现不久后出版。该莎草纸上有哈德良写的一封信的副本，他在信中强调了生命延续的重要性。

注释十四　农民起义

在蒙森看来，这场农民起义最初的发起人是一群罪犯。他们在亚历山大东部的沼泽地里找到了避难所。但这一观点在一定程度上误解了起义的意义。起义始于农民军，他们是埃及人，被征召服役。这可以从一封被征召到斯科奈-曼德拉的军队服兵役的人写的信中看出。因此，这是一个比一群匪徒发动起义更严重的问题，是当地辅助军的一场叛变。他们的行动体现了当地人对当权者的看法，因此邻近的居民也加入了起义军。起义的领袖伊西多洛斯似乎已经被提升到民族英雄的地位。在一张几乎可以肯定与阿维迪乌斯·卡修斯起义有关的莎草纸上，亚历山大竞技官阿皮亚努斯称卡修斯为他的前辈之一，卡修斯为国家而献身。

注释十五　奥雷利乌斯·忒奥克里托斯

由J.尼克勒出版的莎草纸提到的可能是迪奥·卡修斯提到的卡拉卡拉统治时期的事件。莎草纸中包含了奥雷利乌斯·忒奥克里托斯写给阿尔西诺伊诺姆的将军的一封信，提到了皇帝对泰坦尼安努斯的尊重。奥雷利乌斯·忒奥克里托斯命令阿尔西诺伊诺姆的将军"善待他的人民,不要侵犯他的财产或打扰他的工人,并给予他一切帮助"。写这封信时,奥雷利乌斯·忒奥克里托斯感到极度不满。

信中,皇帝被简单地称为"安东尼"。但"奥雷利乌斯·忒奥克里托斯"这个名字表明,写这封信的时间是卡拉卡拉统治时期,而不是安东尼·庇护统治时期,因为安东尼·庇护统治时期的自由民会用外国人的名字"埃利乌斯"。信的语气清楚地表明,这封信是由一个惯于充当皇帝近臣的被释奴隶写的。考虑到这些因素,我们有充分的理由认为,这封信的作者就是迪奥·卡修斯提到的卡拉卡拉统治时期的一个被释奴隶奥雷利乌斯·忒奥克里托斯。那么,这封信中的泰坦尼安努斯就是卡拉卡拉统治时期的地方行政官员提蒂亚努斯。据记载,提蒂亚努斯被奥雷利乌斯·忒奥克里托斯下令暗杀,因为提蒂亚努斯侮辱了奥雷利乌斯·忒奥克里托斯。由此,这封信变得格外有趣,因为它可能是在奥雷利乌斯·忒奥克里托斯暗杀提蒂亚努斯之前写的。基于以上讨论,这封信是在公元214年6月21日写的。

注释十六 埃及"暴君"

蒙森怀疑所谓的埃及"暴君"埃米利安努斯、菲尔姆斯和萨图尼努斯是否真实存在。他认为,公元3世纪中叶,伽利埃努斯统治时期开始发生在亚历山大的骚乱,实际上发生于帕尔米伦人占领埃及时期。然而，有理由认为，古代历史学家给出的叙述比蒙森的观点更接近历史事实。公元3世纪，埃及发生了两次截然不同的战争：一次发生在伽利埃努斯统治期间，与埃米利安努斯的起义有关；另一次也许开始于伽利埃努斯统治的最后一年，一直持续到普罗布斯登基之后，这是罗马人对帕尔米伦人发动的战争。

关于第一次战争的最完整的记载可以在《罗马皇帝传》中找到。但更重要的证据是亚历山大主教狄俄尼索斯的一封信。他死于公元265年。在信中，他描述了两个派系如何将城镇分裂成两个敌对的部分，并使双方之间的地带变得满目疮痍。这是亚历山大在帕尔米伦人入侵前发生内战的确凿证据。因为在公元265年，帕尔米伦人仍然与罗马保持着友好关系。此外，一些钱币证明了埃米利安努斯作为埃及统治者的身份，雷金纳德·斯图尔特·普尔给出了很好的理由，他认为一些钱币属于埃米利安努斯统治时期。埃米利安努斯拥有钱币的事实足以表明他占领了亚历山大。亚历山大有一个造币厂。基于这些理由，《罗马皇帝传》中关于埃米利安努斯起义的记载，似乎提出了许多同时期的证据。

关于帕尔米伦帝国入侵埃及，佐西姆斯的著作中有详细而可靠的记载。关于菲尔姆斯在战争中扮演角色的细节，可以在《罗马皇帝传》中找到。在没有任何证据支持佐西姆斯的理论的情况下，很难理解蒙森为什么要怀疑菲尔姆斯的存在，因为在本质上，埃及统治者与布莱梅人和帕尔米伦人联盟并不是不可能。直到打败帕尔米伦人后，菲尔姆斯才成为埃及的"暴君"。但当帕尔米伦人被赶出亚历山大时，菲尔姆斯成为反对罗马人统治的领袖，尽管没有证据表明他被宣布为皇帝。沃皮斯库斯是《罗马皇帝传》奥勒良与菲尔姆斯部分的作者，他在这一点上自相矛盾了。他在书中一个地方说，菲尔姆斯统治埃及时没有得到罗马帝国皇帝的任命。而在书中另一个地方则说，菲尔姆斯穿着紫色的衣服，在诏书中称自己为皇帝，并铸造钱币。然而，在没有发现菲尔姆斯的诏书或钱币的情况下，有理由怀疑菲尔姆斯是否真的获得了皇帝的头衔。

注释十七 "穆考基斯"乔治（George the Mukaukis）

在阿拉伯人对征服埃及的描述中，罗马方面最重要的角色是"穆考基斯"乔治，或者更全面地说，是梅纳斯的儿子"穆考基斯"乔治。"穆考基斯"乔治被描绘成埃及的总督，邀请阿拉伯人进入埃及，最后把埃及出卖给了入侵者。然而，这个故事中有一些不合理的地方。

卡拉巴塞克教授讨论了"穆考基斯"乔治的地位，并得出结论："穆考基斯"源自希腊的一个荣誉头衔"μεγαυχής"。

然而，尼基乌的约翰提出的证据，比任何阿拉伯作家的证据提出的时间都早得多，都更可靠，为确认"穆考基斯"乔治的身份提供了许多线索。尼基乌的约翰说，在赫利奥波利斯战役后（大约在公元640年7月），阿姆鲁正准备围攻巴比伦。他派人去见

"穆考基斯"乔治，命令他在巴比伦北边的卡优布运河上建造一座桥。"穆考基斯"乔治开始与阿姆鲁合作。"穆考基斯"乔治故事的起源可能就在这起事件中。"穆考基斯"乔治可能是奥古斯塔尼察省的省长。因为尼基乌的约翰只给出了埃及行省总督（prefect of the province of Egypt）、下埃及总督（prefects of Lower Egypt）和阿卡迪亚省省长的名字，但没有给出奥古斯塔尼察省长的名字。"穆考基斯"乔治在埃及东部边境的职位，使他成为穆罕默德的信使第一个前来拜访的高级官员。因此，在埃及，穆罕默德的教徒和罗马人之间最早的交流就是通过他进行的。在阿拉伯编年史家的眼中，他自然占据了重要的地位。后来，他投靠伊斯兰教一方时，能够在奥古斯塔尼察省控制巴比伦和亚历山大之间的交通枢纽，为阿姆鲁提供最宝贵的帮助。因此，他的重要性进一步提高。阿拉伯人对他的描述之所以突出，无疑是由于这些情况。

注释十八　农村的土地和谷物税

由J.尼克勒发表的、在索克诺帕伊乌-内索斯发现的一份莎草纸表明，埃及的农村地区存在公共土地。莎草纸中包含了一份来自二十五个农民的投诉，文件提到在加伦湖的岸边有"属于附近村庄的几阿罗拉土地"。"每年洪水过后，这片土地被用来耕种，租地者以谷物形式支付的租金存入皇家粮仓，这些谷物用来支付全村的费用。通过这种租金，村庄能够偿还所有债务，包括公共债务和私人债务"，从而摆脱当时埃及普遍存在的财政困难。

该文件对埃及谷物税的支付方式提供了大量线索。马克里齐描述了罗马人制订的规则：朝廷官员在考虑村庄的繁荣状况后，决定每个村庄支付的金额，并通知地方官员。朝廷官员和地方官员会面，将村庄需要收集的税款分摊到村子里的每个居民头上。莎草纸表明，朝廷官员确定的村庄支付金额被视为村里的公共债务。在索克诺帕伊乌-内索斯发现的莎草纸表明，如果村庄有某种共同财产，那么村庄的全部或部分公共债务就可以由该共同财产的收益支付。根据这一原则，负责支付全额税款的人是该区的民选代表，即长老，或者被授予自治特权的城镇的委员会（prytaneus）。在缴纳税款之前，他们的财产要被扣押。

两张俄克喜林库斯的莎草纸证实了马克里齐的说法，即城镇和村庄必须向亚历山大缴纳它们被分摊的比例的谷物税。莎草纸中记载了俄克喜林库斯和基诺波利斯的城镇以及科玛的村庄将对应份额的谷物税送到尼罗河下游，并承担运费。

索克诺帕伊乌-内索斯的村庄并不是唯一拥有公共土地的村庄，这一点可见于赫尔莫波利斯诺姆的奥布西斯租赁村庄土地的合同及赫尔莫波利斯元老院租用该市公共土地的提案。

注释十九 阿诺那税

一些莎草纸提到用谷物缴纳阿诺那税,但并没有更多关于阿诺那税的确切信息。阿诺那税看起来和其他土地费用一样,如"$δημόσια$"和"$σιτικά$"。像"$δημόσια$"和"$σιτικά$"一样,阿诺那税也是以用谷物缴税的形式交给将军。但目前还不能确定阿诺那税的缴税比例。该比例是基于土地面积计算的。收取阿诺那税的目的可以从科普特人对罗马人之子维克多的颂词中推测出来。颂词中提到维克多收取了十六次阿诺那税。这表明,阿诺那税是政府向亚历山大居民提供的谷物补贴,显然从托勒密王朝时期起就一直在发放,并且到了戴克里先统治时期有所增加。在一份租约中,阿诺那税与谷物供给君士坦丁堡使用被一起提及,这支持了以上观点。从租约中还可以看出,对土地征收的三种税是"$δημόσια$""$σιτικά$"和阿诺那税。"$δημόσια$"指为了供应明年的谷物种子而向公共粮仓支付谷物;"$σιτικά$"指的是为支持罗马和君士坦丁堡而征收的捐税。除了分配给亚历山大,莎草纸中没有对政府将从埃及征收来的谷物分配给第三个对象的记载。因此,它或许就是阿诺那税分配的目标。

注释二十 斯蒂芬尼康税

F. G. 凯尼恩曾经讨论过被称为"斯蒂芬尼康"税的征收

对象。他得出这样的结论：斯蒂芬尼康税是托勒密王朝时期送给国王的特别礼物的延续。它可能是卡拉卡拉恢复征收的，因为它最早的收据的时间是公元199年。还可以注意到，在现存的九份有关这项税收的文件中，有七份文件的日期是公元199年至222年之间，即从卡拉卡拉统治时期到埃拉伽巴路斯死亡。另两份文件未注明日期，但根据其文字的特征，可以认为它们属于同一时期。因此，如果说斯蒂芬尼康税是在卡拉卡拉统治时期被恢复征收的，那么废除该税的可能是塞维鲁·亚历山大。

已记录的所有税款总额都是四德拉克马，或该数额的倍数，只有一份莎草纸文件中记录的税额例外。这也许说明，斯蒂芬尼康税作为一种特殊的"礼物"，通常的税额是一枚四德拉克马钱币。在埃及，四德拉克马钱币是唯一一种比铜币铸造标准更高的钱币，也是埃及流通最普遍的钱币。然而，支付的税款显然不是按年度计算的。在一份莎草纸文件中，一个人在二十一个月的时间里支付了十三次斯蒂芬尼康税，每次的税额都是四德拉克马。

注释二十一 土地租金

以下列出了埃及人在罗马统治埃及时期支付土地租金的各种记录。土地租金的收取分两种情况：（一）每阿罗拉土地收取一定比例的租金；（二）土地租金是作物收成的一定比例。如未说明作物的种类，则该土地为谷物种植地。除非另有说明，租金是用谷物支付的。

时间（公元）	诺姆	土地面积（阿罗拉）	租金
69	阿尔西诺伊	20	每阿罗拉2阿特
100	德奥	10	72.5阿特
140	德奥	5	20阿特
142	俄克喜林库斯	38	190阿特和12德拉克马
149	阿尔西诺伊	7	14阿特
151	德奥	1	6阿特
154	德奥	3	10阿特和23科勒尼斯的面包
165	德奥	3	21阿特
186	德奥	5	22.5阿特
212	德奥	150	每阿罗拉2阿特
215	德奥	93	每阿罗拉2.5阿特
216	赫拉克利奥波利特	6	20阿特
218	阿尔西诺伊	12	每阿罗拉2阿特
221	德奥	2	10阿特
225	赫拉克利奥波利特	1	5阿特
251	德奥	5	32阿特
263	阿尔西诺伊	2	6阿特
266	赫尔莫波利特	6	18阿特和72德拉克马
301	赫拉克利奥波利特	50	250德拉克马
305	阿尔西诺伊	9	每阿罗拉5.25阿特
306	俄克喜林库斯	9	每阿罗拉3500德拉克马

●续 表

时间（公元）	诺姆	土地面积（阿罗拉）	租金
307	阿尔西诺伊	0.5	1.5 德拉克马
313	德奥	5	每阿罗拉 2 阿特
314	德奥	5	12.5 阿特
378	德奥	40	每阿罗拉 3 阿特
4 世纪	德奥	13	每阿罗拉 1.5 阿特
536	赫尔莫波利特	4	水田是 20 阿特；旱田是 10 阿特
17	阿尔西诺伊	2	收成的……
88	德奥	4.5	收成的……
165	德奥	0.375	收成的一半
316	俄克喜林库斯	1	收成的一半
561	赫尔莫波利特	3.75	收成的……
595	阿尔西诺伊	3.75	收成的四分之三
6 世纪	德奥	3.75	收成的四分之三
拜占庭帝国时期	德奥	40	收成的三分之二
……	赫拉克利奥波利特	22	收成的一半

【注释】

1 整个阿尔西诺伊诺姆的将军。——原注
2 整个阿尔西诺伊诺姆的将军。——原注
3 整个阿尔西诺伊诺姆的将军。——原注
4 将军的皇室书吏。——原注
5 将军的皇室书吏。——原注
6 将军的运动教练。——原注
7 同时是蒂米斯托斯区和波利门区的将军。——原注
8 托里斯是分娩女神,她以怀孕河马的形象出现。——译者注
9 麦罗埃文是一套参照埃及圣书体及民书体而设计的拼音字母,用以拼写麦罗埃王国的麦罗埃语,亦有可能用来拼写努比亚王国的努比亚语。——译者注
10 F. G. 凯尼恩:《藏于大英博物馆的希腊语莎草纸目录》,第2卷,第270页。——原注